中国地质大学(武汉)实验教学系列教材
中国地质大学(武汉)实验技术研究经费资助出版
中国地质大学(武汉)本科教学质量工程:智慧旅游应用型人才培养模式研究
中国地质大学(武汉)研究生课程与精品教材建设项目

旅游地理信息系统实习指导书

LÜYOU DILI XINXI XITONG SHIXI ZHIDAOSHU

主　编　李会琴

副主编　肖拥军　黄　珂　刘晶晶

图书在版编目(CIP)数据

旅游地理信息系统实习指导书/李会琴主编. —武汉:中国地质大学出版社,2018.7
ISBN 978-7-5625-4312-1

Ⅰ.①旅…
Ⅱ.①李…
Ⅲ.①旅游地理学-地理信息系统-教学参考资料
Ⅳ.①F591.99-39

中国版本图书馆CIP数据核字(2018)第156992号

旅游地理信息系统实习指导书	李会琴 主　编
	肖拥军　黄　珂　刘晶晶　副主编

责任编辑:阎　娟	责任校对:徐蕾蕾
出版发行:中国地质大学出版社(武汉市洪山区鲁磨路388号)	邮政编码:430074
电　　话:(027)67883511　　　传真:67883580	E-mail:cbb@cug.edu.cn
经　　销:全国新华书店	http://cugp.cug.edu.cn
开本:787mm×1092mm 1/16	字数:224千字　　印张:8.75
版次:2018年7月第1版	印次:2018年7月第1次印刷
印刷:武汉市籍缘印刷厂	
ISBN 978-7-5625-4312-1	定价:25.00元

如有印装质量问题请与印刷厂联系调换

中国地质大学(武汉)实验教学系列教材

编委会名单

主　任：刘勇胜

副主任：徐四平　殷坤龙

编委会成员：(以姓氏笔画排序)

文国军　朱红涛　祁士华　毕克成　刘良辉

阮一帆　肖建忠　陈　刚　张冬梅　吴　柯

杨　喆　金　星　周　俊　章军锋　龚　健

梁　志　董元兴　程永进　窦　斌　潘　雄

选题策划：

毕克成　李国昌　张晓红　赵颖弘　王凤林

《旅游地理信息系统实习指导书》编委会名单

主　　编：李会琴

副 主 编：肖拥军　黄　珂　刘晶晶

参编人员：罗　伟　李晓琴　李　丹　李江涛

　　　　　徐　宁　姬程文　巩琪敏　董晓晴

目 录

Part Ⅰ ArcGIS 基本知识

一、产品构成与桌面 GIS ………………………………………………………………… (1)

二、ArcGIS Desktop 软件群 ……………………………………………………………… (2)

 （一）ArcMap ………………………………………………………………………… (2)

 （二）ArcCatalog …………………………………………………………………… (2)

 （三）ArcGlobe ……………………………………………………………………… (3)

 （四）ArcScene ……………………………………………………………………… (3)

三、ArcMap 基础操作 ……………………………………………………………………… (3)

 （一）地图文档的操作 ……………………………………………………………… (3)

 （二）ArcMap 窗口组成 …………………………………………………………… (6)

四、ArcGIS 其他相关知识 ………………………………………………………………… (7)

 （一）数据格式 ……………………………………………………………………… (7)

 （二）图层的基本操作 ……………………………………………………………… (8)

 （三）选择要素 ……………………………………………………………………… (10)

 （四）测量距离与面积 ……………………………………………………………… (12)

 （五）坐标系与投影变换 …………………………………………………………… (13)

 （六）数据提取 ……………………………………………………………………… (19)

 （七）自定义标记符号 ……………………………………………………………… (23)

Ⅰ

Part Ⅱ ArcGIS 上机实习

实习一 制作湖北省区位图 ……………………………………………………………（26）
    （一）实习目的 ………………………………………………………………………（26）
    （二）实习要求 ………………………………………………………………………（26）
    （三）实习成果 ………………………………………………………………………（26）
    （四）实习步骤 ………………………………………………………………………（26）

实习二 地理配准 ………………………………………………………………………（50）
    （一）实习目的 ………………………………………………………………………（50）
    （二）实习要求 ………………………………………………………………………（50）
    （三）实习成果 ………………………………………………………………………（50）
    （四）实习步骤 ………………………………………………………………………（50）

实习三 矢量化 …………………………………………………………………………（57）
    （一）实习目的 ………………………………………………………………………（57）
    （二）实习要求 ………………………………………………………………………（57）
    （三）实习成果 ………………………………………………………………………（57）
    （四）实习步骤 ………………………………………………………………………（57）

实习四 专题地图的制作 ………………………………………………………………（66）
    （一）实习目的 ………………………………………………………………………（66）
    （二）实习要求 ………………………………………………………………………（66）
    （三）实习成果 ………………………………………………………………………（66）
    （四）实习步骤 ………………………………………………………………………（66）

实习五 统计分析和空间分析 …………………………………………………………（70）
    （一）实习目的 ………………………………………………………………………（70）
    （二）实习要求 ………………………………………………………………………（70）

  （三）实习成果 …………………………………………………………………（70）

  （四）实习步骤 …………………………………………………………………（70）

实习六　旅游空间分析案例：山地度假酒店选址 …………………………………（86）

  （一）实习目的 …………………………………………………………………（86）

  （二）实习要求 …………………………………………………………………（86）

  （三）实习成果 …………………………………………………………………（86）

  （四）实习步骤 …………………………………………………………………（86）

实习七　ArcGIS 空间分析：3D 分析 ……………………………………………（107）

  一、地表曲率分析 ………………………………………………………………（107）

  二、山体阴影分析 ………………………………………………………………（109）

  三、可视性分析 …………………………………………………………………（110）

  四、剖面分析 ……………………………………………………………………（118）

  五、计算表面积与体积 …………………………………………………………（119）

  六、切割和填充分析 ……………………………………………………………（120）

  七、ArcScene 三维可视化 ……………………………………………………（121）

主要参考文献 ………………………………………………………………………（132）

Part I ArcGIS基本知识

ArcGIS是美国环境系统研究所公司（Environmental Systems Research Institute, Inc. 简称Esri公司）研发的构建于工业标准智商的无缝扩展的GIS产品家族。它整合了数据库、软件工程、人工智能、网络技术、移动技术、云计算等主流的IT技术，旨在为用户提供一套完整的、开放的企业级GIS解决方案。无论是在桌面端、服务器端、浏览器端还是云端，ArcGIS都有与之对应的产品组件，并且可由用户自由定制，以满足不同层次的应用需要。

一、产品构成与桌面GIS

ArcGIS是一个可伸缩的GIS平台，其产品线家族涉及桌面、服务器、移动和Web应用等多个方面，具体产品构成如图1-1所示。

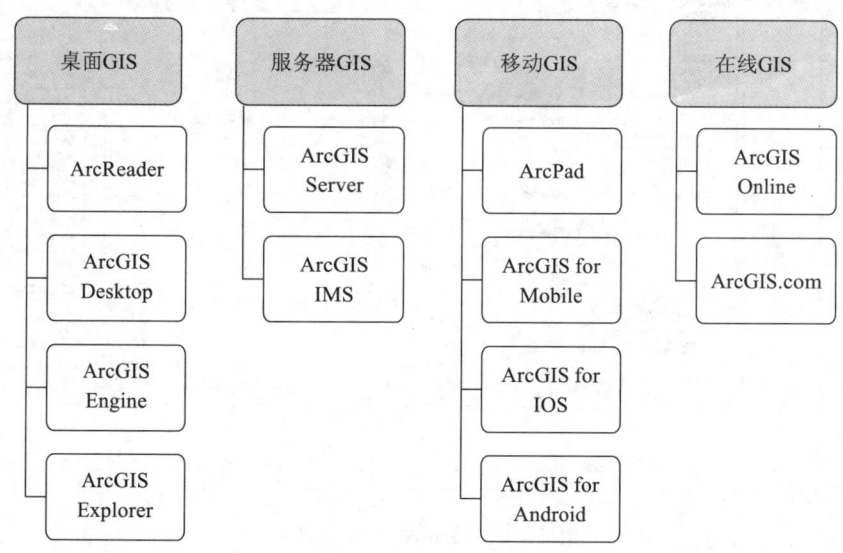

图1-1　ArcGIS产品构成

桌面GIS是用户在桌面系统上创建、编辑和分析地理信息的平台，包括ArcReader、ArcGIS Desktop、ArcGIS Engine和ArcGIS Explorer。本课程实习主要使用ArcGIS

Desktop,其他平台及相关软件不再详细说明了。

值得一提的是,ArcGIS Engine 是一个完整的嵌入式 GIS 组件库和工具包,开发者能用它创建一个新的或扩展原有的可定制的桌面应用程序,是 ArcGIS 系列软件进行二次开发的实用工具。使用 ArcGIS Engine,开发者能将 GIS 功能嵌入到已有的应用程序中,如基于工业标准的产品以及一些商业应用,也可以创建自定义的应用程序,为组织机构中的众多用户提供 GIS 功能。

二、ArcGIS Desktop 软件群

ArcGIS Desktop 是一个系列软件套件的总称,它包含了一套带有用户界面的 Windows 桌面应用程序:ArcMap、ArcCatalog、ArcGlobe 和 ArcScene。每一个应用程序都集成了 ArcToolbox(工具箱)和 Model Builder(建模)模块。

(一)ArcMap

ArcMap 是 ArcGIS 桌面系统的核心应用程序。它用于显示、查询、编辑和分析地图数据,具有地图制图的所有功能。ArcMap 提供了数据视图(Data View)和版面视图(Layout View)两种浏览数据的方式,在此环境中可完成一系列高级 GIS 操作任务(图 1-2)。

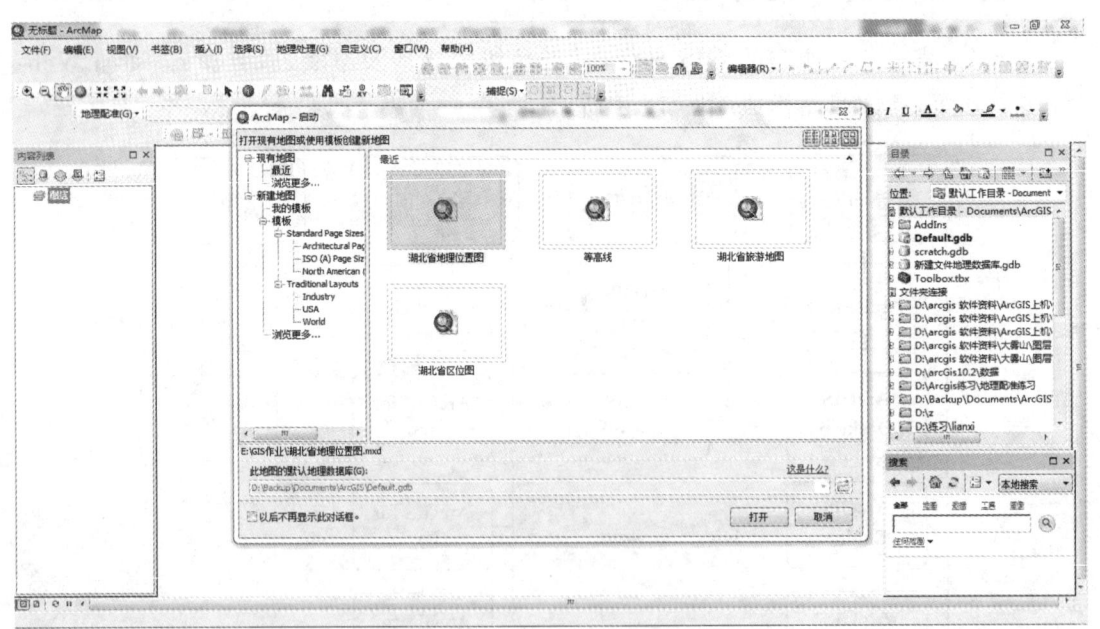

图 1-2　ArcMap 程序界面

(二)ArcCatalog

ArcCatalog 是一个空间数据资源管理器。它以数据为核心,用于定位、浏览、搜索、组织和管理空间数据。利用 ArcCatalog 还可以创建和管理数据库,定制和应用元数据,

从而大大简化用户组织、管理和维护数据工作。在 ArcGIS10 及以上版本中，ArcCatalog 已集成在 ArcMap、ArcScene 和 ArcGlobe 中，也可以独立运行(图 1-3)。

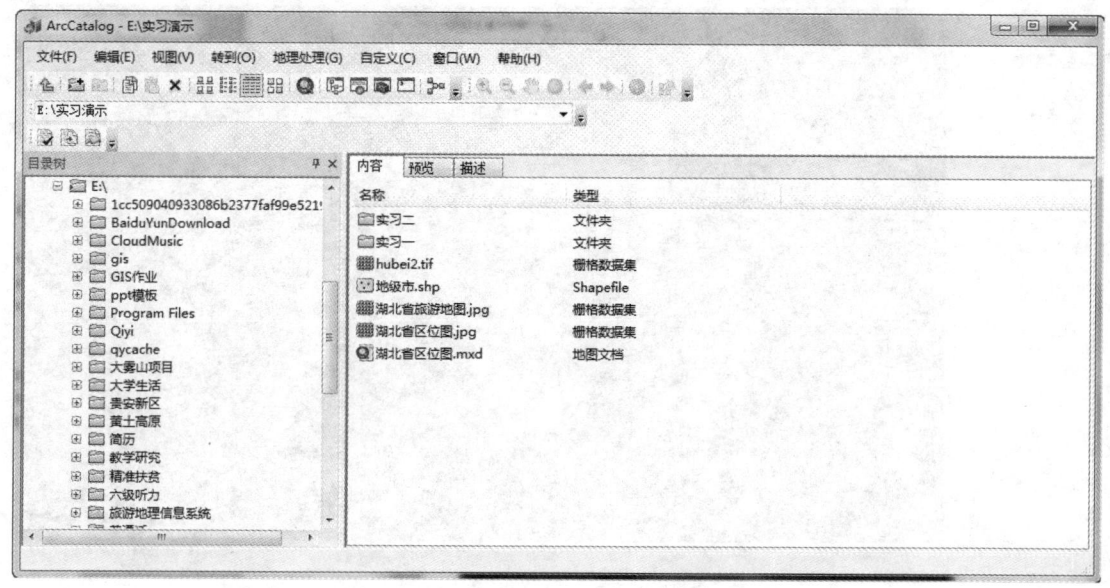

图 1-3　ArcCatalog 独立运行界面

（三）ArcGlobe

ArcGlobe 是 ArcGIS 桌面系统中 3D 分析扩展模块中的一个部分，提供了全球地理信息连续、多分辨率和交互浏览功能，具有空间参考的数据被放置在 3D 地球表面上，并在其真实的大地位置处进行显示(图 1-4)。

（四）ArcScene

ArcScene 是 ArcGIS 三维分析模块的一部分，通过在 3D Analyst 菜单条中点击按钮打开。它具有管理 3D GIS 数据、3D 分析、编辑 3D 要素、创建 3D 图层以及把二维数据生成 3D 要素等功能。

三、ArcMap 基础操作

（一）地图文档的操作

在 ArcMap 中创建地图，并将地图作为一个文件保存在文件夹中，该文件是地图文档或 *.mxd 文档(文件的拓展名".mxd"自动追加到地图文档名称中)。".mxd"文件与 Photoshop 软件的".psd"文件类似。地图文档包括地图中地理信息的显示属性(如地图图层的属性和定义、数据框以及用于打印的地图布局等)、所有可选的自定义设置(如对事态数据启用时间的设置等)和添加到地图中的宏，但不包括地图上显示的数据，仅存储对

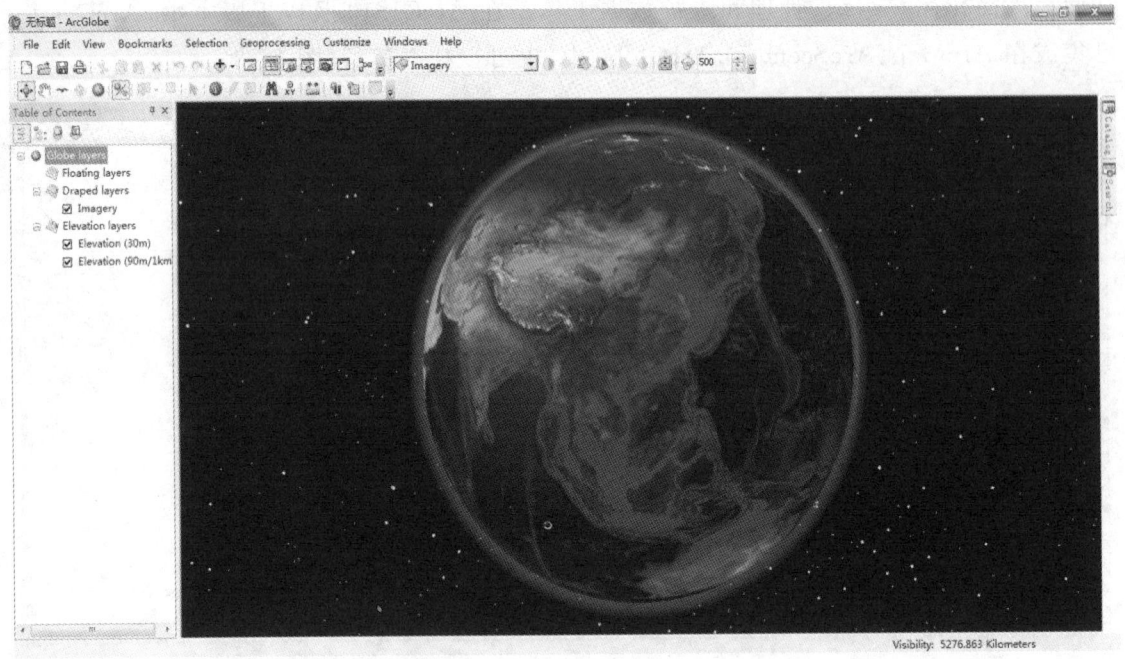

图 1-4 ArcGlobe 界面

源数据的引用信息。

1. 启动 ArcMap

启动 ArcMap 的方式有以下几种：

(1) ArcGIS Desktop 软件安装完成后，双击 ArcMap 桌面快捷方式图标，启动 ArcMap 应用程序。

(2) 单击 Windows 任务栏的【开始】→【所有程序】→【ArcGIS】→【ArcMap 10】，启动 ArcMap 应用程序。

2. 创建地图文档

可以通过以下几种方式新建地图文档。

(1) 启动 ArcMap 时，自动打开【ArcMap 启动】对话框，如图 1-5 所示。在【ArcMap 启动】对话框中，单击【我的模板】，在右边区域中选择【空白地图】，单击【确定】按钮，完成空白地图文档的创建。

(2) 在 ArcMap 中，单击工具栏上的按钮 或者单击【文件】→【新建】，打开【新建文档】对话框，可以创建一个新的地图文档或选择一个已有的模板，也可以通过快捷键 Ctrl+N 创建或选择。

创建地图文档以后，打开 ArcMap 主窗口（图 1-6）。在 ArcMap 中，内容列表、目录、搜索、工具箱窗口的位置都可以拖动，可以根据个人喜好放在方便工作的位置，也可以堆叠放置。

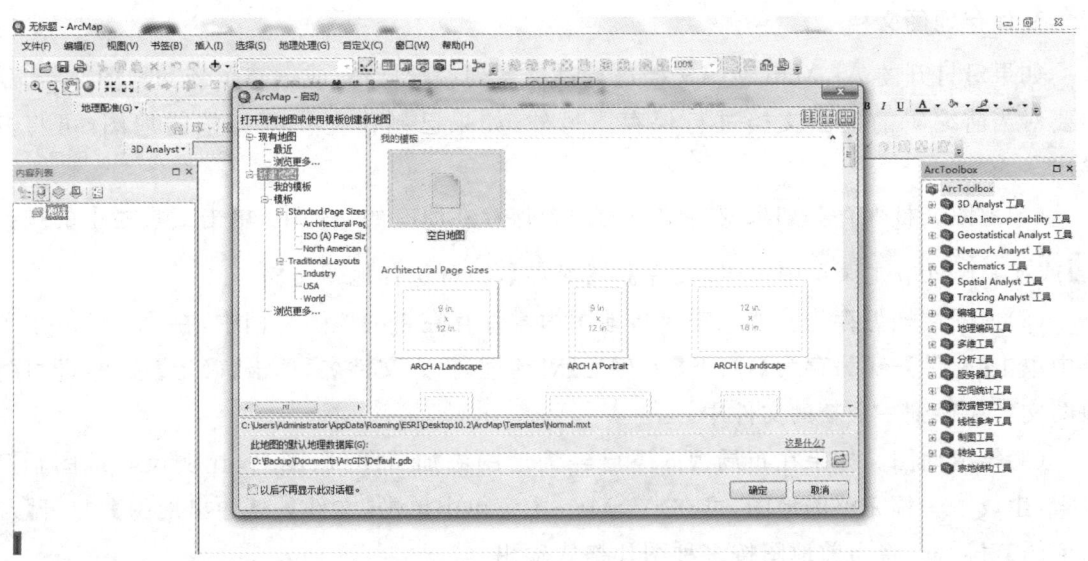

图 1-5 创建地图文档

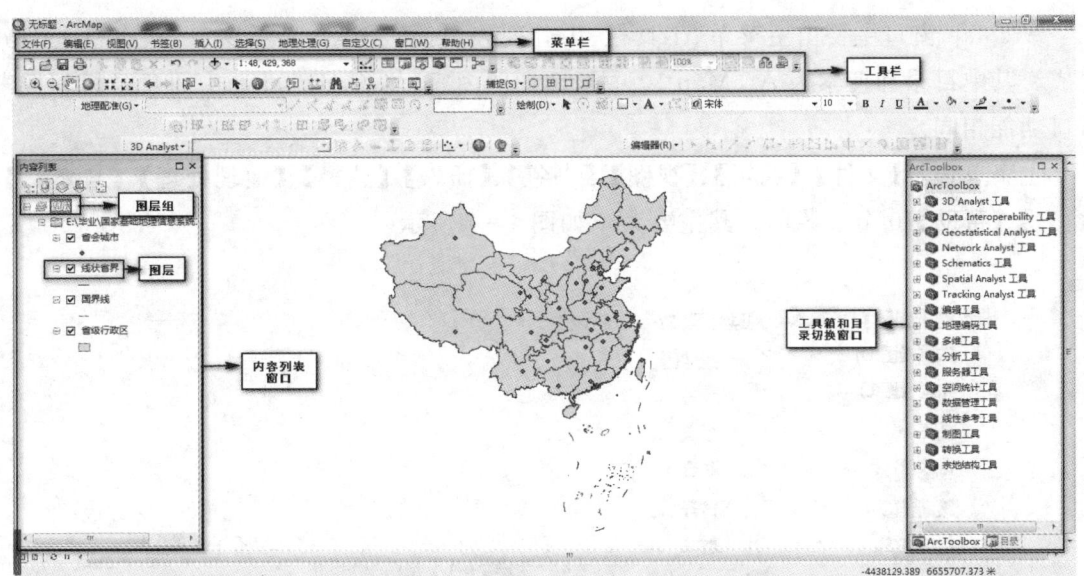

图 1-6 ArcMap 操作界面

注意事项：

a）模板是 ArcMap 中的一种地图文档，用于快速创建新地图，可包含数据、自定义界面、地图元素（如指北针、比例尺）等。

b）【ArcMap 启动】对话框底部的【此地图的默认地理数据库】为所选地图文档加载时的默认地理数据库。默认地理数据库即处理文档时主要使用的地理数据库。

3. 保存地图文档

如果对打开的ArcMap地图文档进行过一系列编辑操作，或创建了新的地图文档，就需要对当前编辑的地图文档进行保存。另外，如果已制作完一幅完整的地图，可将其导出。

(1) 地图文档保存。如果要将编辑的内容保存在原有的文件中，单击工具栏上的按钮 ![save] 或在ArcMap主菜单中单击【文件】→【保存】，即可保存地图文档。

(2) 地图文档另存为。如果需要将地图内容保存在新的地图文档中，在ArcMap主菜单中单击【文件】→【另存为】，打开【另存为】对话框，输入文件名，单击【确定】按钮，即可将地图文档保存到一个新的文件中。

(3) 导出地图。如果在布局视图下已经为地图添加了图例、图名、比例尺等地图辅助元素，生成了一幅完整的地图，可在ArcMap主菜单中单击【文件】→【导出地图】，打开【导出地图】对话框，将当前地图按多种图片格式输出。

（二）ArcMap窗口组成

ArcMap窗口主要由主菜单、工具栏、内容列表、目录、搜索、显示窗口、状态栏七部分组成。其中目录和搜索为ArcMap 10中新增加的内容，与ArcCatalog中的目录树和搜索窗口功能相同。

主菜单包括【文件】、【编辑】、【视图】、【书签】、【插入】、【选择】、【地理处理】、【自定义】、【窗口】、【帮助】10个子菜单。其主要菜单如图1-7所示。

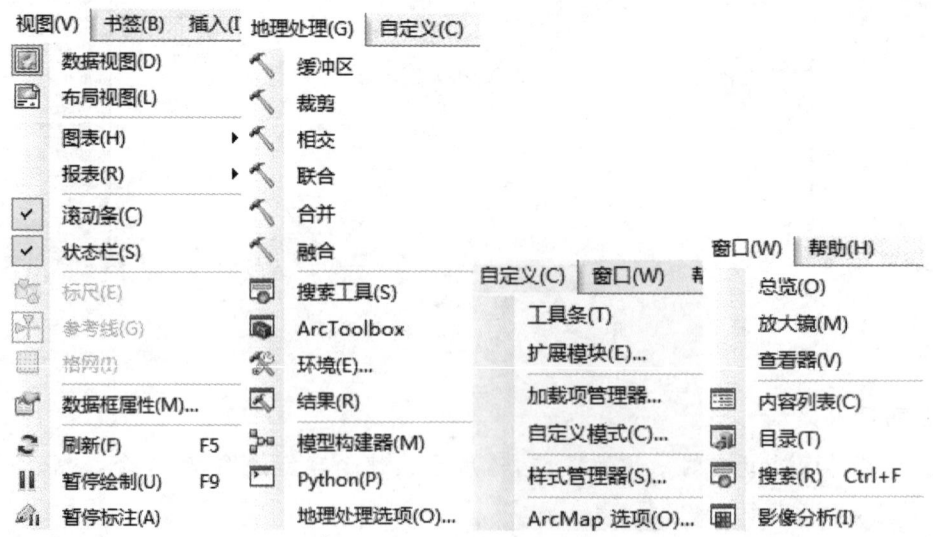

图1-7　ArcMap主要菜单

注意事项:

a) ArcGIS 提供了数据视图和布局视图两种视图方式。数据视图是对地理数据进行浏览、显示和查询的通用视图,此视图隐藏了部分地图元素,如标题、指北针和比例尺等。布局视图用于显示虚拟页面的视图,在该页面上放置和布局了地理数据和地图元素,如标题、图例和比例尺,以便地图制图和输出。

b) 自定义菜单下拉框中的拓展模块:当需要使用三维分析、网络分析、地统计分析、跟踪分析、空间分析等扩展模块的分析工具时,需要勾选相应的扩展模块。单击【自定义】→【拓展模块】,打开【扩展模块】对话框,选中【3D Analyst】复选框,即可使用三维分析功能。

c) 自定义菜单下拉框中的自定义模式:单击【自定义】→【工具条】,打开【自定义】对话框。在【工具条】列表框中可以勾选需要用到的工具。

四、ArcGIS 其他相关知识

(一) 数据格式

ArcGIS 默认的数据存储格式主要包括 Shapefile(矢量要素图层文件)、Coverage(图层文件)、Geodatabase(地理数据库)及 e00(ARSCII 代码格式)四种。

1. Shapefile

Shapefile 文件为非拓扑数据,是 Esri 公司研发的工业标准的矢量数据文件。一个完整的 Shapefile 文件至少包括 3 个文件:主文件(.shp),索引文件(.shx),dBase 表文件(.dbf)。以".shp"为扩展名的文件存储要素几何学特征,而以".shx"为扩展名的文件保留要素几何学特征的空间索引。一个 Shapefile 只能包含一类要素(点、线或者面),同一个 Shapefile 文件必须有相同的前缀且必须放在同一目录中。如主文件(countries.shp)、索引文件(countries.shx)、dBase 表(countries.dbf)存放目录分别为

D:\实习\ countries.shp

D:\实习\ countries.shx

D:\实习\ countries.dbf

注意: Shapefile 文件的创建和编辑建议在 ArcCatalog 中进行。

非拓扑数据结构 Shapefile 有两个主要优点。第一,非拓扑矢量数据能比拓扑数据更快速地在计算机屏幕上显示出来。对于仅仅是使用而不是生产 GIS 数据的用户而言,该优点十分重要。第二,非拓扑数据具有非专有性和互操作性,这意味着非拓扑数据可以在不同软件包之间通用(如 MapInfo 可以使用 Shapefile,ArcGIS 可以使用 MapInfo 的交换格式文件)。Coverage 支持 3 种基本拓扑关系:①连接性:弧段间通过节点彼此连接;②面定义:由一系列相连的弧段定义面;③邻接性:弧段具有方向性,且有左多边形和右多边形。

2. Coverage

Coverage 是一种拓扑数据结构，结构复杂，属性缺省存储在 Info 表中。目前，ArcGIS 中仍然有一些分析操作只能基于这种数据格式进行操作。一个 Coverage 文件则可包含多种类型的文件，如一个 Coverage 文件可同时包含点、线、面 3 种不同类型的要素文件。较少用户使用 Coverage 数据，然而对于项目来说又是必需的。比如 GIS 数据生产者会发现在查找错误、确保线汇合和多边形的正确闭合方面，使用拓扑是绝对必要的。同样，GIS 在交通和网络设施分析过程中，也需要用到拓扑数据进行分析。拓扑数据的优点：首先能确保数据质量和完整性。拓扑数据可以发现未正确闭合的线，如果在假定连续的道路上存在一个缝隙，最短路径分析时会选择迂回路径而避开缝隙。同样拓扑数据可以保证有共同边界的县域和人口普查区没有缝隙和重叠。其次，拓扑可强化 GIS 分析。

3. Geodatabase

Geodatabase 是基于对象的数据模型。一个对象可以表示空间要素，如公路、河流，也可以表示为一个公路图层的坐标系统。实际上，几乎所有的 GIS 都可以作为对象表示。地理数据库有两类，一是 Personal Geodatabse，用来存储小数据量数据，存储在 Access 的".mdb"格式中；二是 ArcSDE Geodatabse，存储大型数据（矢量数据、栅格数据、TIN 等），且将数据存储在大型数据库（Oracle、SQL Server、DB2 等）中。可以实现并发操作，不过需要单独的用户许可。

4. e00

后缀为".e00"，是 Esri 的一种通用交换格式文件。通过这种中间文件，可以将地理信息数据在不同的软件体系中转换，如从 ArcGIS 到 MapGIS。

（二）图层的基本操作

ArcGIS 中的地图由一系列以特定顺序绘制的地图图层组成。地图图层定义了 GIS 的数据集如何在地图视图中进行符号化和标注，每个地图图层都可以用于显示以及处理特定的 GIS 数据集。图层会引用存储在地理数据库、Coverage、Shapefile、影像、栅格和 CAD 文件等数据源中的数据，而不是真正地存储地理数据。

1. 更改图层名称

在默认情况下，添加进地图文档中的图层以其数据源的名字命名，也可以根据需要更改图层的名称。在需要更改图层名称的图层上单击左键，选中图层，再次单击左键，图层名称进入可编辑状态，输入新名称即可，也可以双击图层打开【图层属性】对话框，在【常规】选项卡下【名称】文本框中设置图层的名称。

2. 更改图层的显示顺序

图层在内容列表中的排列顺序决定了图层在地图中的绘制顺序；内容列表中排列位置靠上的图层在绘制时位置也会靠上，最下面的图层最先绘制。一般来说，图层的排列顺序遵循以下原则：①按照点、线、面要素类型依次由上至下排列；②按照要素重要程度的高低依次由上至下排列；③按照线要素的粗细依次由上至下排列；④按照要素色彩的浓淡程度依次由上至下排列。

如果需要调整图层顺序，在内容列表单击选中图层名称，按住鼠标向上或向下拖动到新位置释放左键即可完成。

3. 图层的复制与删除

在地图文档中，同一个数据文件可以被一个数据框的多个图层引用，也可以被多个数据框引用。在同一个数据框中复制图层可以通过右键菜单中的【复制】和【粘贴】命令完成操作。在不同数据框中复制图层除了使用【复制】和【粘贴】命令外，也可以直接从一个数据框拖动图层到另一个数据框下来完成。

删除图层只需在图层上单击右键，在弹出菜单中单击【移除】。若按住 Shift 或者 Ctrl 键可以选择多个图层进行操作。

4. 图层的坐标定义

ArcMap 中的图层大多是具有地理坐标系统的空间数据，在创建新地图文档并加载图层时，第一个被加载的图层的坐标系统被作为该数据框的默认坐标系统，随后被加载的图层，无论其原有的坐标系如何，只要满足坐标转换的要求，都将被自动转换为该数据框的坐标系统，但不会影响图层所对应的数据本身的坐标系统。

若不知道所加载图层的坐标系统，可以通过【数据框属性】对话框或者【图层属性】对话框进行查阅，在【坐标系】选项卡下可以修改当前坐标系统的参数，导入其他数据源的坐标系统，新建坐标系统等。

5. 创建图层组

当需要把多个图层当作一个图层来处理时，可将多个相同类别的图层组成一个图层组。例如有两个图层分别代表铁路和公路，可将两个图层合并为一个新的交通网络图层。一个组合图层在地图文档中的性质类似于一个独立的图层，对图层组的操作与图层类似。

具体操作步骤为：

(1) 启动 ArcMap，打开地图文档"wuhan.mxd"。

(2) 按住 Ctrl 键同时选中图层"gonglu"和"tielu"，单击右键，然后单击【组】，即可创建一个包含两个图层的图层组。如果想取消图层组，可右键单击图层组，然后单击【取消分组】即可实现。

(3) 在内容列表中单击选中图层组，再次单击左键，命名为"交通网络"。

(4) 双击图层组交通网络，打开【图层组属性】对话框，单击【组合】标签，切换到【组合】选项卡，可以通过箭头对图层组中包含的图层进行排序、移除等操作；切换到【常规】选项卡，可设置图层组的名称、图层组的可见比例范围；切换到【显示】选项卡，可以设置图层组的透明度、对比度等。

6. 导出数据

可将 ArcMap 中的图层导出为 Shapefile 文件、文件和个人地理数据库要素类以及 SDE 要素类。以导出 Shapefile 文件格式的数据为例，具体操作步骤如下：

（1）启动 ArcMap，打开地图文档"wuhan.mxd"。

（2）在内容列表中右击图层"shenghui"，单击【数据】→【导出数据】，打开【导出数据】对话框，如图 1-8 所示。

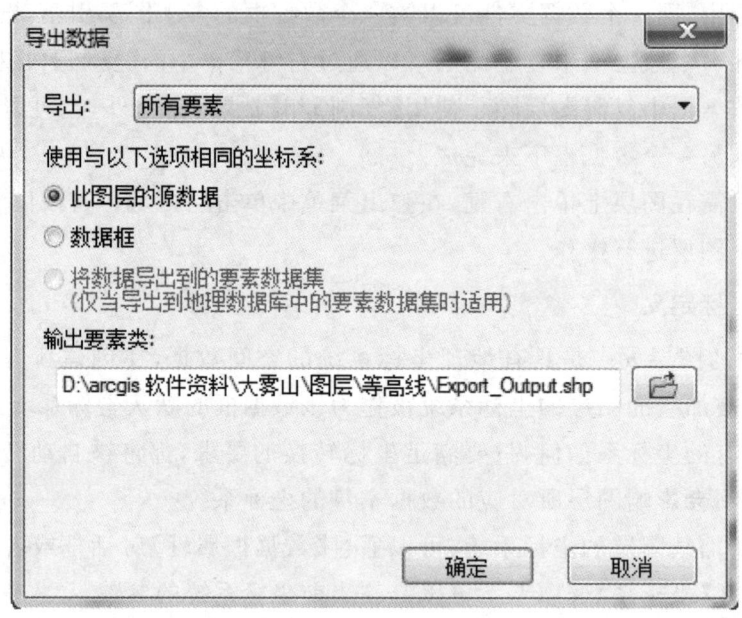

图 1-8 导出数据

（3）单击【导出】下拉框，选择"所有要素"。在【使用与以下选项相同的坐标系】下单击选中【此图层的源数据】单选按钮。如果单击选中【数据框】单选按钮，导出数据的坐标系与数据框的相同。

（4）单击 按钮，浏览到将数据保存的位置，在【名称】文本框中修改名称，单击【保存类型】下拉框，选择"Shapefile"。

（5）单击【保存】按钮，返回到【导出数据】对话框，然后单击【确定】按钮，即可导出数据。

（三）选择要素

要素的选择是进行空间分析的重要前提，可通过与图层交互的方式选择要素，也可以通过属性、位置和图形来选择要素。

1. 通过交互的方式选择要素

在地图上主要有两种交互选择要素的方法：使用【工具】工具条上的 ▨ 按钮选择；使用鼠标在【表】窗口中选择。其操作步骤如下：

(1)设置可选图层。在内容列表的【按选择列出视图】中可以设置和管理图层。其具体步骤如下：

第一步：启动 ArcMap，打开地图文档"wuhan.mxd"。

第二步：在内容列表中单击 ▨ 按钮，列表中 ▨ 为【单击切换是否可选】按钮，可以使该图层在选择与不选之间切换。如要使该图层唯一可选，可右击图层，然后单击【将此图层设为唯一可选图层】。

(2)通过选择工具来选择要素。单击 ▨ 按钮，包括【按矩形选择】、【按圆选择】、【按套索选择】、【按线选择】、【按多边形选择】五种方式。单击任何一种，在地图显示窗口中的地图上拖动鼠标绘制，被选中的要素以高亮方式显示。

(3)通过【表】窗口选择。在内容列表中右击"wuhan"图层，单击【打开属性表】，打开【表】窗口，选中要素，所选要素在属性表中的记录也会以高亮方式显示。单击【表】底部的 ▨ 按钮，可显示所有选择的记录。

2. 通过属性选择要素

通过属性选择要素是构建 SQL 语句对要素进行选择。这里以选出湖北的行政区划为例进行说明(图 1-9)。

(1)打开地图文档"省面.mxd"。

(2)在 ArcMap 主菜单中单击【选择】→【按属性选择】，打开【按属性选择】对话框。

(3)单击【图层】下拉框，选择"省面"，在【方法】下拉框中选择"创建新选择内容"。

(4)在【方法】下拉框下面的列表框中双击"NAME"；单击【获取唯一值】按钮，则其上面的列表框中将填充该字段的所有值；单击"="按钮；在刚填充列表框中双击"湖北省"，则在【SELECT】文本框中自动填入"NAME"='湖北省'。也可以在该文本框中直接输入。

(5)单击【验证】按钮，可验证表达式是否存在语法错误。

(6)单击【确定】按钮，湖北的行政区界被选择出来。

3. 通过位置选择要素

通过位置选择要素是根据要素相对于同一图层要素或另一图层要素的位置来进行的选择。这里以查询长江经过的省份为例进行说明。

(1)打开地图文档"中国.mxd"。

(2)利用"按属性选择要素"的方法选择"heliu"图层中河流名称为长江的要素。

(3)在 ArcMap 主菜单中单击【选择】→【按位置选择】，打开【按位置选择】对话框。

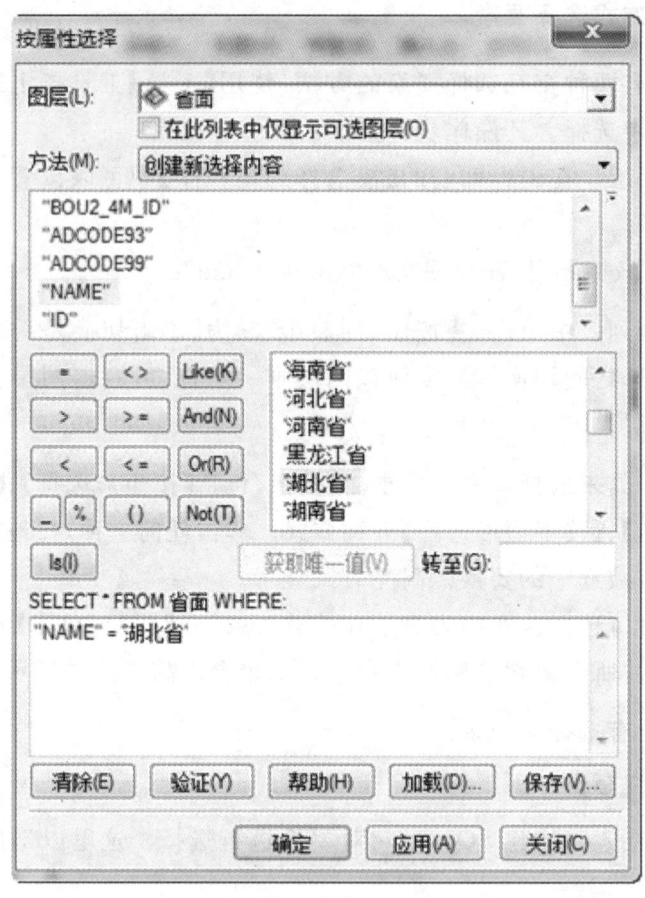

图1-9 按属性选择

(4)单击【选择方法】下拉框,选择"从以下图层中选择要素";在【目标图层】列表框中选择"xingzhengqujie"复选框;单击【源图层】下拉框,选择"heliu",单击【空间选择方法】下拉框,选择"目标图层要素与源图层要素相交"。

(5)单击【确定】按钮。长江经过的省份要素被选中且以高亮方式显示。

4. 通过绘制图形选择要素

通过【绘图】工具条绘制图形,并可利用该图形选择要素。【绘图】工具条在 ArcMap 主菜单中单击【自定义】→【工具条】→【绘图】打开(图1-10)。

图1-10 绘图工具条

(四)测量距离与面积

在 ArcGIS 中,可以通过测量工具对地图中的线和面进行测量。可使用此工具在地图上绘制一条线或者一个面,然后获取线的长度与面的面积,也可以直接单击要素获悉测量信息。在工具条中单击测量按钮 ,打开【测量】对话框,即可测量。

(五)坐标系与投影变换

1. 地理坐标系

地理坐标系统是一个二维或三维的参照系,用于定位坐标点,通过地理坐标系统可以确定要素在地球上的位置。最常见的地理坐标系是经纬网。

2. 投影坐标系

地理坐标系的单位为度,仅表示地理实体在地球上的位置。而地图是一个平面,实际工作中经常需要对长度和面积进行量算,所以需要将坐标系统由曲面转换为平面,并经坐标值单位转换为米等长度单位,这样的转换方法称为地图投影。投影后平面的、以米为单位的坐标系统称为投影坐标系统。

3. 投影变换操作

1)投影变换预处理

当数据的空间参考系(坐标系统、投影方式等)与用户的需求不一致时,就需要对数据进行投影变换。同样,在完成本身就有投影信息的数据采集时,为了保证数据的完整性和易交换性,要定义投影。

(1)定义投影。

坐标系的信息通常从数据源获得。如果数据源具有已定义的坐标系,ArcMap 可将其动态投影到不同的坐标系中;反之,则无法对其进行动态投影。因此,在对未知坐标系的数据进行投影时,需要先使用定义投影工具为其添加正确的坐标信息。此外,如果某一数据集的坐标系不正确,也可以使用该工具进行校正。定义投影的操作步骤如下:

a)启动 ArcToolbox,在 ArcToolbox 中双击【数据管理工具】→【投影和变换】→【定义投影】,打开定义投影对话框,如图 1-11 所示。

b)在【定义投影】对话框中,输入【输入数据集或要素集】数据。

c)单击【坐标系】文本框右边的 按钮,打开【空间参考属性】对话框,【XY 坐标系】的【名称】文本框显示为"Unknown",表明原数据没有定义坐标系统。

d)定义投影的方法有三种:

——单击【空间参考属性】对话框中的【选择】按钮,打开【浏览坐标系】对话框,其中坐标系分为两类:地理坐标系统和投影坐标系统。地理坐标系统使用地球表面的经度和纬度来表示;投影坐标系统利用数学换算将三维地球表面的经度和纬度坐标转换到二维平面上。

——当已知原数据与某一数据的投影相同时,可单击【空间参考属性】对话框中的

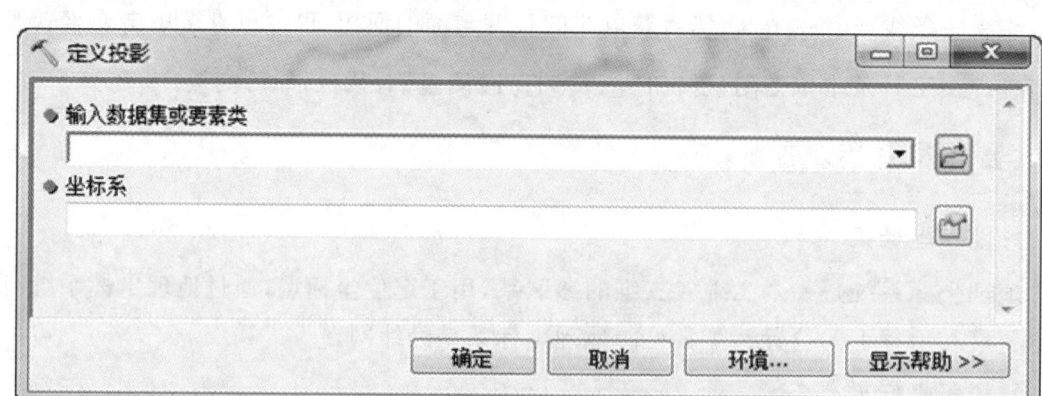

图 1-11 定义投影

按钮,在下拉菜单中选择【导入】,浏览具有该坐标系的数据,用该数据的投影信息来定义原始数据。

——单击【空间参考属性】对话框中的 按钮,在下拉菜单中选择【新建】,即可新建地理坐标系或投影坐标系。图 1-12(a)为【新建地理坐标系】对话框,定义地理坐标系包括定义或选择基准面、角度单位和本初子午线等。图 1-12(b)为【新建投影坐标系】对话框,定义时需要选择投影类型、设置投影参数及线性单位等。因为投影坐标系是以地理坐标系为基础的,所以在定义投影坐标系时还需要选择或新建一个地理坐

图 1-12 新建地理坐标系和新建投影坐标系

标系统。

e)定义投影坐标系统后,单击【完成】按钮,即可返回上一级对话框,在【详细信息】文本框中可以浏览坐标系的详细信息。

f)单击【确定】按钮,完成定义投影坐标系的操作。

(2)创建自定义地理(坐标)变换。

有时需要对一个地区的数据进行地理坐标转换,如将1954北京坐标系转换为WGS84坐标系,但系统提供的地理变换方法不能满足实际需要,可根据自身需求自定义地理变换,用于在两个地理坐标系或基准面之间进行数据转换。操作步骤如下:

a)在ArcToolbox中双击【数据管理工具】→【投影和变换】→【创建自定义地理(坐标)变换】,打开对话框,如图1-13所示。

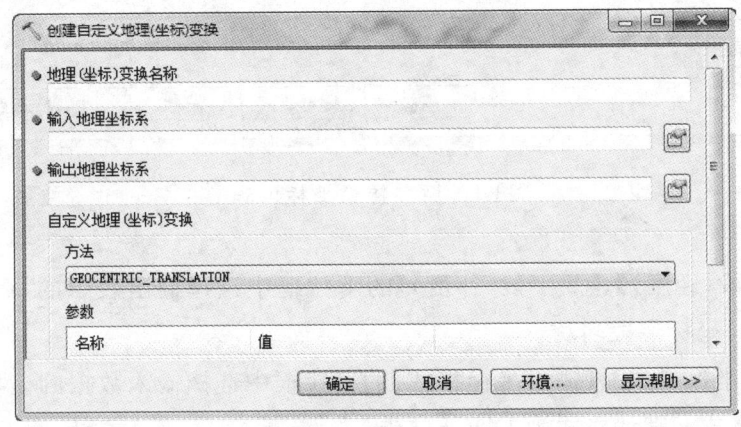

图1-13 创建自定义地理变换

b)【创建自定义地理(坐标)变换】对话框中,输入【地理(坐标)变换名称】、【输入地理坐标系】以及【输出地理坐标系】。

c)在【方法】下拉菜单中选择输入地理坐标系和输出地理坐标系之间进行数据变换的方法。还可以在【参数】区域中将变换参数作为自定义地理变换字符串的一部分进行设置和编辑。

d)单击【确定】按钮,完成操作。

(3)转换坐标记法。

转换坐标记法将包含点坐标字段的表转换为点要素类,输入表的坐标字段可以有多种方法。其操作步骤如下:

a)在ArcToolbox中双击【数据管理工具】→【投影与变换】→【转换坐标记法】,打开对话框,如图1-14所示。

b)在【转换坐标记法】对话框中,输入【输入表】数据,指定【输出要素类】的保存路径及名称。

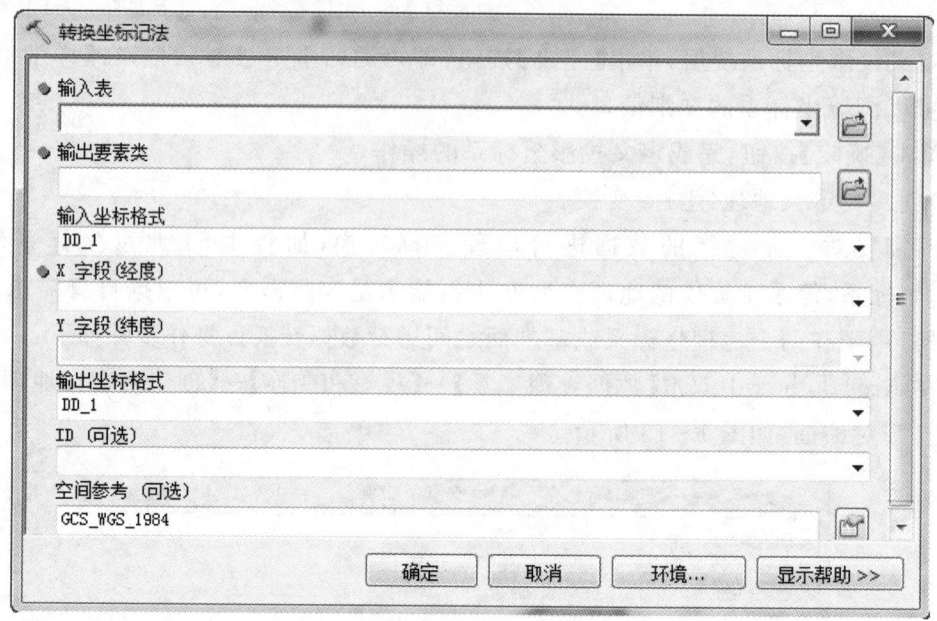

图 1-14 转换坐标记法

c)在【X 字段(经度)】、【Y 字段(纬度)】的下拉框中选择输出表中的 X 坐标字段名称和输入表中的 Y 坐标字段名称。

d)在【输入坐标格式】、【输出坐标格式】的下拉框中选择输入数据的坐标格式、输出点要素类的坐标格式。默认格式为 DD(十进制)。

e)【ID】是可选项,用于输出要素连接回输入表。

f)【空间参考】是可选项,选择输入坐标的空间参考,默认为 GCS_WGS_1984。

g)单击【确定】按钮,完成操作。

2)投影变换

投影变换是指将一种地图投影转换为另一种地图投影,主要包括投影类型、投影参数和椭球体参数等的改变。在 ArcToolbox 的【数据管理工具】下的【投影和变换】工具集中有矢量和栅格要素两种类型的数据变换。

(1)矢量数据的投影变换。

采用不同坐标系的数据,需要对其进行投影变换,以便该数据与其他地理数据集成。矢量数据的投影变换通过投影工具来实现。该工具不仅能实现矢量数据在大地坐标系和投影坐标系之间的相互转换,还可以实现两种坐标系自身之间的转换。需要注意的是,对于包含未定义或未知坐标系的矢量数据,在使用该工具之前必须先使用【定义投影】工具为其定义坐标系。

矢量数据投影变换的操作步骤如下:

a)在 ArcToolbox 中双击【数据管理工具】→【投影与变换】→【要素】→【投影】,打开

【投影】对话框，如图1-15所示。

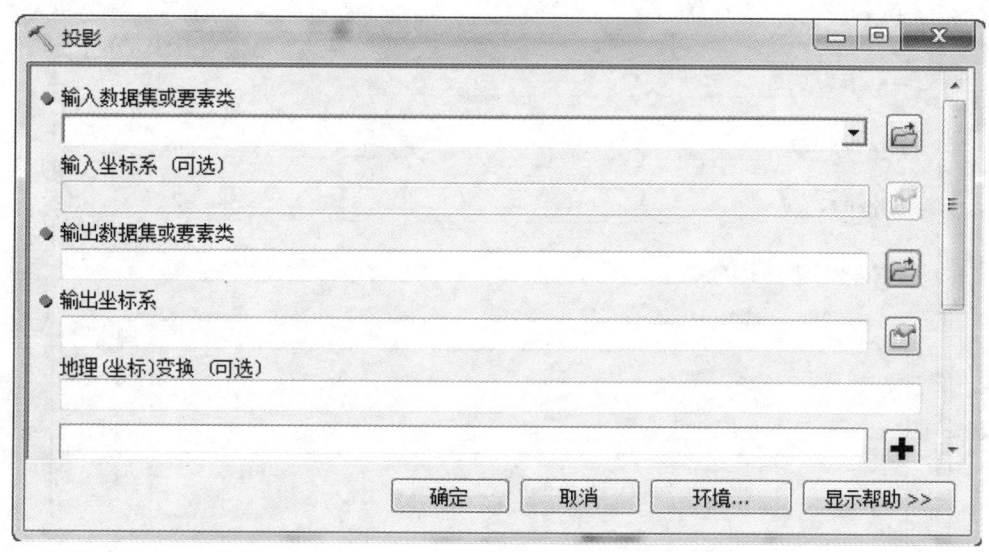

图1-15　矢量数据投影变换对话框

b)在【投影】对话框中，输入【输入数据集或要素类】数据，指定【输出数据集或要素类】的保存路径和名称，并在【输出坐标系】文本框中输入输出数据的坐标系统。

c)【地理（坐标）变换】是可选项，用于实现两个地理坐标系或基准面之间的变换。当输入和输出坐标系的基准面相同时，地理坐标变换为可选参数。如果输入和输出基准面不同，则必须指定地理坐标转换。

d)单击【确定】按钮，完成操作。

批量投影支持多个矢量数据的批量转换。【批量投影】工具的用法和【投影】工具大体一致，不再赘述。需要注意的是，在使用该工具的过程中，虽然输出坐标系和模板数据集都是可选参数，但必须输入其中一个。如果这两个参数均为空，则会导致工具执行失败。

(2)栅格数据的投影变换。

栅格数据的投影变换是指将栅格数据集从一种地图投影变换到另一种地图投影。利用【投影栅格】工具可实现。其操作步骤如下：

a)在ArcToolbox中双击【数据管理工具】→【投影与变换】→【栅格】→【投影栅格】，打开【投影栅格】对话框，如图1-16所示。

b)在【投影栅格】对话框中，输入【输入栅格】数据，指定【输出栅格数据集】的保存路径和名称，在【输出坐标系】文本框中输入输出数据的坐标系统。

c)【地理（坐标）变换】用于实现两个地理坐标系或基准面之间的变换。

d)【重采样技术】有四种选择，如表1-1所示。

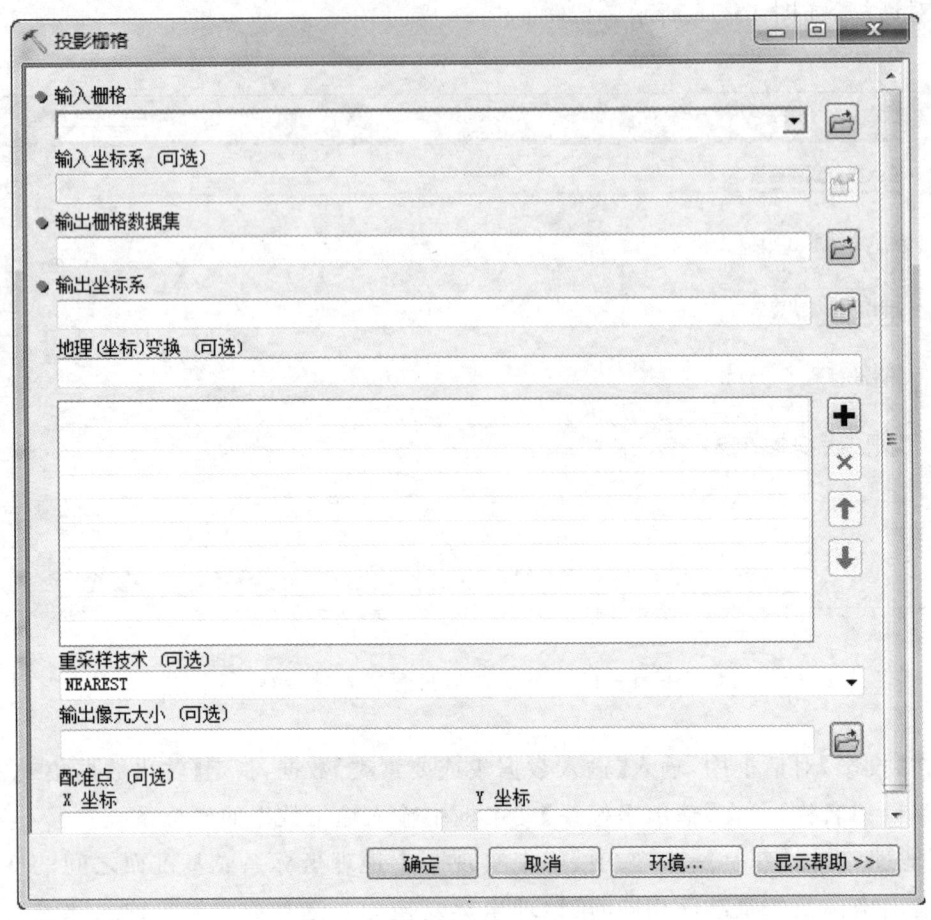

图 1-16 栅格数据投影变换

表 1-1 重采样类型

名称	特点
NEAPEST（最邻近分配法）	是四种插值法中速度最快的插值方法。主要用于分类数据（如土地利用分类），因为它不会更改像元值
BILINEAR（双线性插值法）	可根据像元的加权平均距离确定像元的新值
CUBIC（三次卷积插值法）	通过拟合穿过周围点的平滑曲线确定新的像元值。适用于连续数据（如高程表面），但可能导致输出栅格中包含输入栅格范围以外的值
MAJORITY（多数重采样法）	适用于分类数据，不能用于连续数据

e)【输出像元大小】指定输入、输出栅格的单元大小，默认为所选栅格数据集的像元大小。

f)【配准点】用于确定对齐像素时使用的 X、Y 坐标，可指定原点以便对输出像元进行定位。

g) 单击【确定】按钮，完成操作。

(3) 栅格数据变换。

栅格数据变换是指对数据进行平移、扭曲、旋转和翻转等位置、形状和方位的改变等操作。

a) 平移：是指根据 X 和 Y 平移值将栅格数据移动（滑动）到新的位置。

b) 扭曲：是指将栅格数据通过输入的控制点进行多项式变换。

c) 旋转：是指将栅格数据按指定的角度，围绕指定枢纽点转动。

d) 翻转：是指将栅格数据沿穿过区域中心的水平轴从上往下翻转，它在校正倒置的栅格数据集时非常有用。

e) 重设比例：是指将栅格数据按照指定的 X 和 Y 比例因子来调整栅格的大小。如果比例因子大于1，则图像将被调整到较大尺寸；反之，则调整到较小尺寸。

f) 镜像：是指将栅格数据沿穿过栅格中心的垂直轴从右向左翻转。

（六）数据提取

在实际应用中，所需的数据经常是所提供数据的一部分，因此，往往需要从提供的数据中提取部分数据以满足特定要求。数据提取就是在给定的要素类中，依据空间或属性条件，通过数据裁剪、分割、筛选等操作，提取所需要的内容。

1. 裁剪

数据裁剪是将输入要素与裁剪要素重叠的部分提取出来，并形成一个新的数据文件的过程。点、线、面要素均可以裁剪。

要素裁剪的步骤如下：

(1) 在 ArcToolbox 中依次点击【分析工具】→【提取分析】→【裁剪】，双击打开【裁剪】对话框（图1-17）。

(2) 在【裁剪】对话框中，输入【输入要素】、【裁剪要素】数据，指定【输出要素类】的保存路径和名称。

(3) 在【XY 容差（可选）】文本框中输入容差值，单击右边的下拉框，选择容差值的单位。容差是指所有要素坐标之间的最小距离以及坐标可以沿 X 或 Y 方向移动的距离，小于该容差的坐标将会合并到一起。在坐标精度一定的情况下，如果此值设置越大，则数据的坐标精度会降低；反之则数据的坐标精度会升高。

(4) 单击【确定】按钮，完成要素裁剪操作。以裁剪等高线为例，裁剪过程及结果如图1-18所示。

2. 分割

数据分割是按照分割区域将输入要素类分割成多个输出要素类。要素分割的步骤如下：

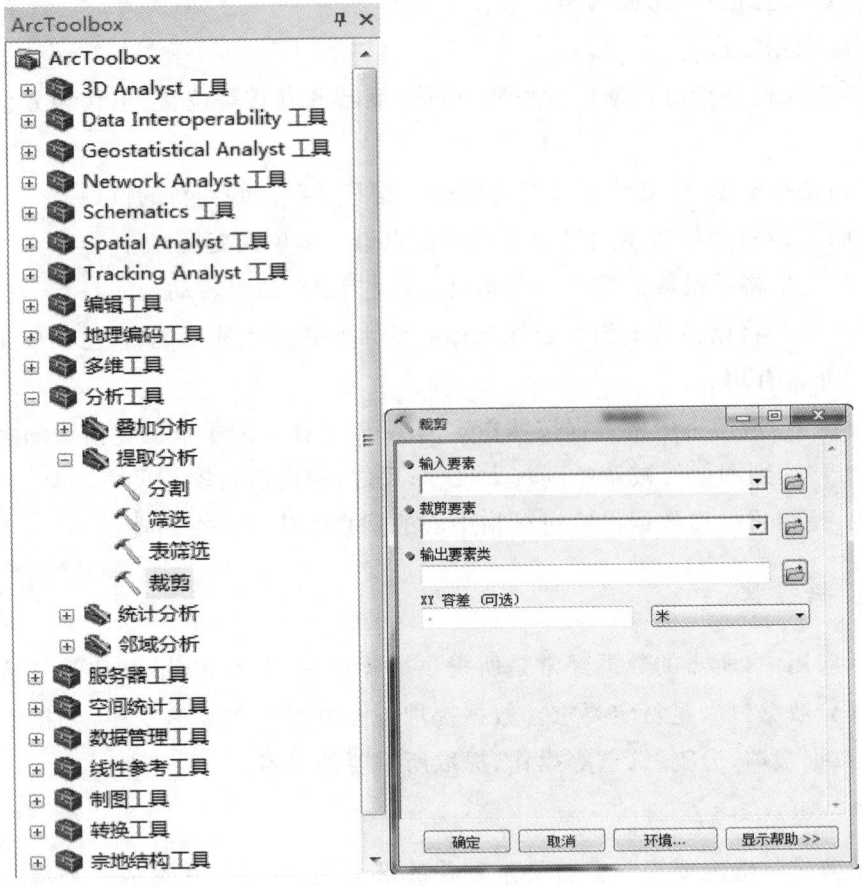

图 1-17 裁剪对话框

(1)在 ArcToolbox 中依次点击【分析工具】→【提取】→【分割】,双击打开【分割】对话框(图1-19)。

(2)在【分割】对话框中,输入【输入要素】、【分割要素】数据,在【分割字段】下拉框选择对应的分割要素的字段名称,输入【目标工作空间】对应的工作空间。

(3)在【XY 容差(可选)】文本框中输入容差值,在下拉框中选择容差值的单位。

(4)单击【确定】按钮,完成要素的分割操作。

注意事项:

a)分割要素必须是面。

b)拆分字段数据类型必须是文本型。

c)每个输出要素类的要素属性所包含的字段必须与输入要素属性中的字段相同。

3. 相交

相交分析是计算输入要素的几何交集的过程。点、线、面要素都可以进行相交操作,因此,相交的情形可以分为七类:多边形与多边形;线与多边形;点与多边形;线与线;线与

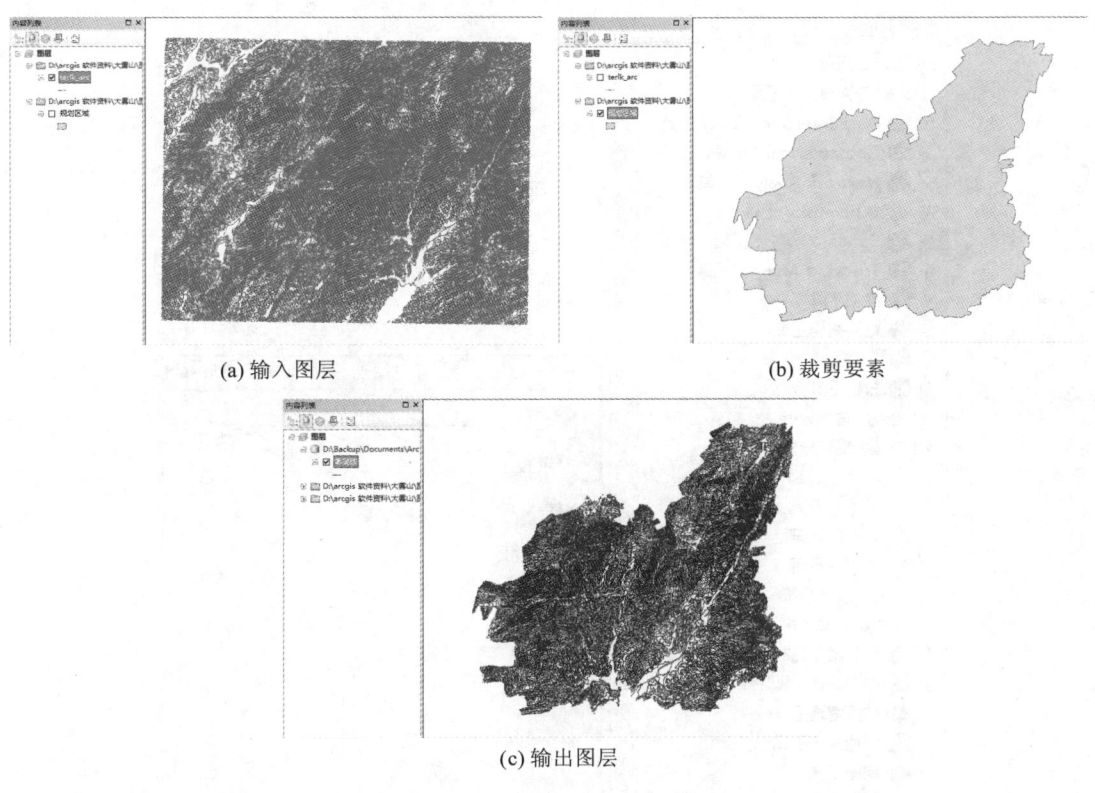

图 1-18 矢量图层的裁剪

点;点与点;点、线、面三者相交。操作步骤如下:

(1)在 ArcToolbox 中依次点击【分析工具】→【叠加分析】→【相交】,双击打开【相交】对话框(图 1-20)。

(2)在【相交】对话框中,输入【输入要素】数据。

(3)指定【输出要素类】的保存路径和名称。

(4)【连接属性(可选)】下拉框中有三个选项:ALL、NO_FID 和 ONLY_FID。

——ALL 指输入要素的所有属性都将传递到输出要素类中。默认情况下为此。

——NO_FID 指除 FID 外,输入要素的其余属性都将传递到输出要素类中。

——ONLY_FID 指只有输入要素的 FID 字段将传递到输出要素类中。

(5)【XY 容差】为可选项。在其文本框中输入容差值,并设置容差值的单位。

(6)【输出类型(可选)】下拉框中有三个选项:INPUT、LINE 和 POINT。

——INPUT 指将【输出类型】保留为默认值,可生成重叠区域。

——LINE 指将【输出类型】指定为"线",生成结果为线。

——POINT 指将【输出类型】指定为"点",生成结果为点。

(7)单击【确定】按钮,完成相交分析。

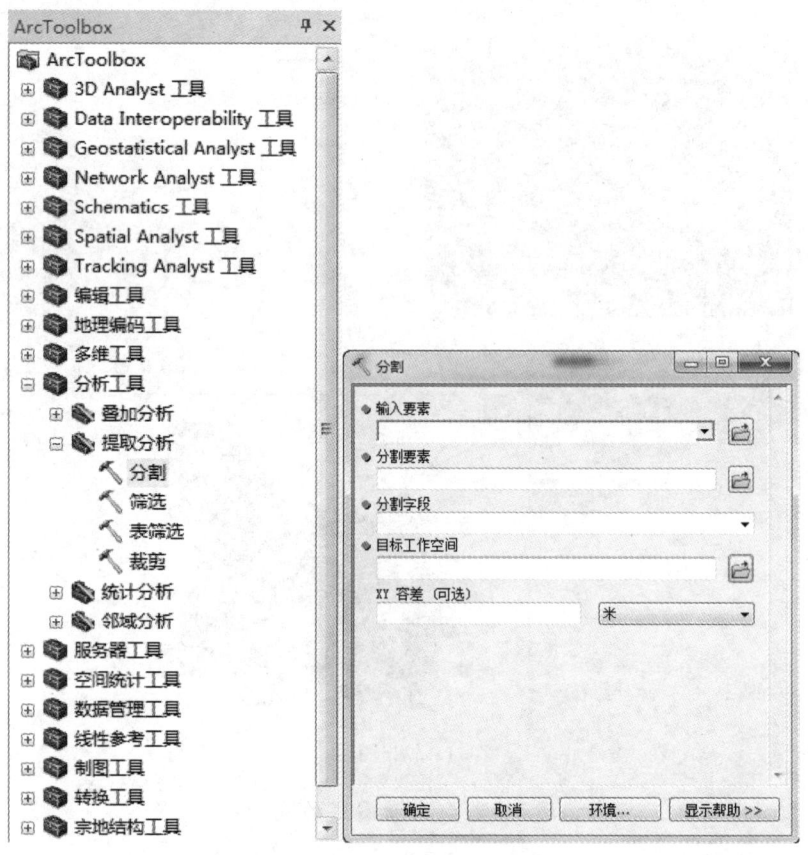

图 1-19 分割对话框

4. 联合

联合分析是计算输入要素的并集,所有输入要素都将写入输出要素类。在联合分析的过程中,输入要素必须为多边形。操作步骤如下:

(1)在 ArcToolbox 中依次点击【分析工具】→【叠加分析】→【联合】,双击打开【联合】对话框(图 1-21)。

(2)在【联合】对话框中,输入【输入要素】数据。

(3)指定【输出要素类】的保存路径和名称。

(4)选择【连接属性(可选)】,并设置【XY 容差(可选)】。

(5)在联合分析过程中,两个区域进行联合,在输出要素层中可能会出现被其他要素类包围的空白区域,称之为间距,或者岛状区域。勾选【允许间隙存在(可选)】,岛状区域将不被填充;反之,会被填充。

(6)单击【确定】,完成联合分析操作。

图 1-20 相交对话框

(七)自定义标记符号

1. 创建点符号

标记符号用于绘制点要素和点图形,可与其他符号配合使用,以整饰线符号或创建填充模式和文本背景。创建标记符号的操作步骤如下:

(1)在 ArcMap 窗口,单击【自定义】→【样式管理器】,打开【样式管理器】对话框。

(2)单击"Administrator.style"下的【标记符号】文件夹。("Administrator.style"是系统自动生成的空样式集,名称因机器而异。)

(3)在【样式管理器】的右边区域,右击空白处选择【新建】→【标记符号】,打开【符号属性编辑器】对话框(图 1-22、图 1-23)。

(4)单击【类型】下拉框,选择"简单标记符号"。切换到【简单标记】选项卡,如设置【颜色】为"白色",【样式】为"圆形",【大小】为"6 磅"。

(5)在左侧【图层】区域单击【添加图层】按钮,添加一个"简单标记"图层,也可以添加其他标记符号类型的图层,如设置【颜色】为"黑色",【样式】为"圆形",【大小】为"8 磅",预

图 1-21 联合对话框

览中可以预览符号的形状。

（6）单击【确定】按钮，完成符号自定义。

注意：有四种标记符号类型，"简单标记符号"是由一组具有可选轮廓和颜色组成的标记符号；"字符标记符号"是通过系统字体文件夹的显示字体创建而成的标记符号；"图片标记符号"是由 Windows 位图（*.bmp）或 Windows 增强型图元文件（*.emf）图形创建的标记符号；另外，还有"3D 简单标记符号""3D 标记符号""3D 字符标记符号"。

2. 创建线符号

和标记符号的方法类似，此处不再赘述。

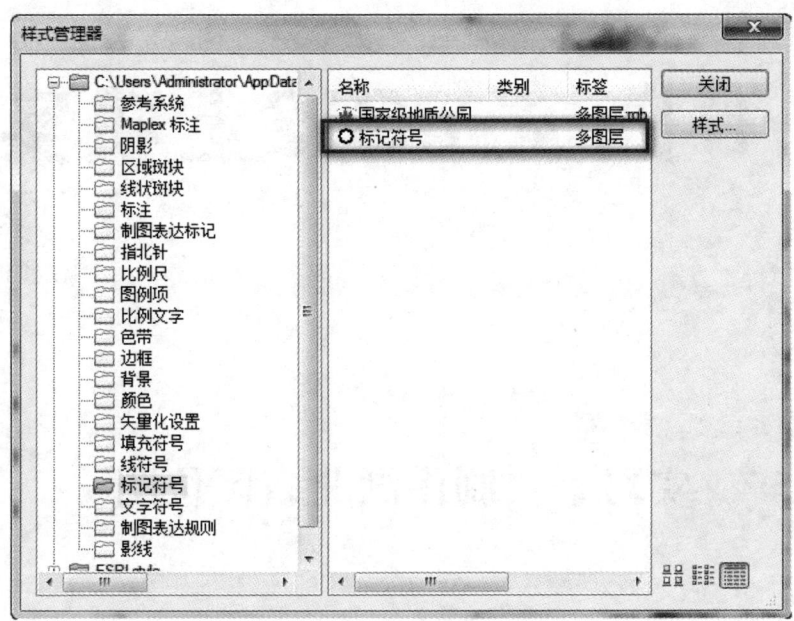

图1-22 新建标记符号

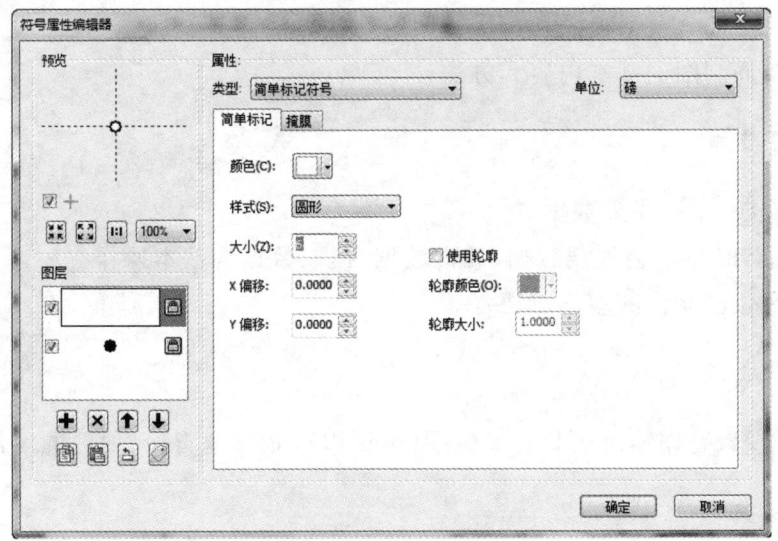

图1-23 符号属性编辑器

Part Ⅱ ArcGIS上机实习

实习一 制作湖北省区位图

(一)实习目的

(1)了解地理信息系统的基本概念、结构和功能。
(2)了解 ArcGIS 软件的主要模块及其功能,熟悉 GIS 的操作环境。
(3)掌握 ArcMap 数据视图和布局视图的切换方法。
(4)掌握布局制图的基本内容和方法。

(二)实习要求

(1)数据准备:中国投影数据。
(2)在 ArcGIS 中学会加载数据、编辑数据、提取数据等基本操作。
(3)掌握区位图制作的基本方法。

(三)实习成果

参照实习步骤制作输出湖北省区位图(也可以选做其他省份、地区的区位图)。

(四)实习步骤

1. 新建地图文档

打开 ArcMap 软件,在【ArcMap-启动】页面单击【新建地图】,在【此地图的默认地理数据库】中选择好存储位置,在制图工作中会产生大量图层文件,都会保存在这个目录中,方便查找、调用和转移,如图 2.1-1、图 2.1-2 所示。

2. 加载数据

单击工具条中的 ✥▾ 按钮,在【添加数据】文本框中选择需要添加的数据,单击 ➕ 按

图 2.1-1　ArcMap 启动

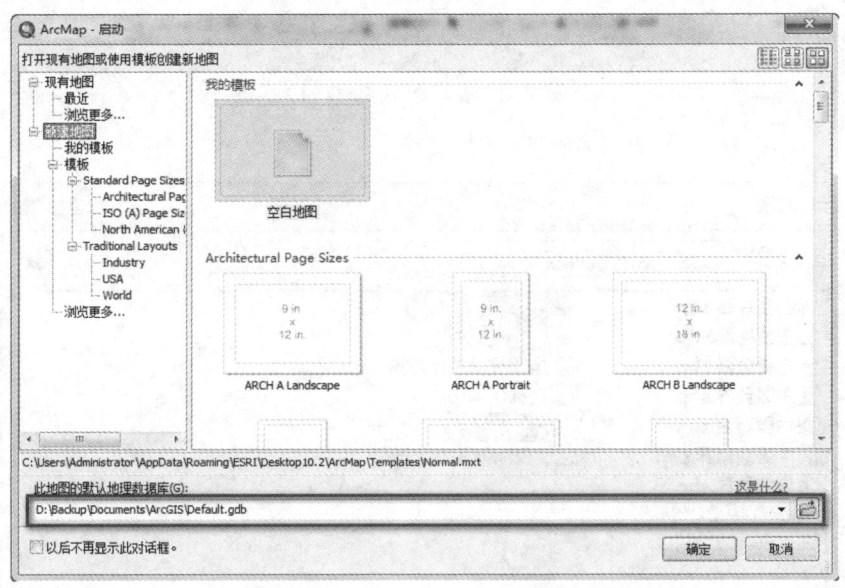

图 2.1-2　新建地图文档

钮,打开【连接到文件夹】对话框,点击存放数据的文件夹,单击【确定】,按住 Ctrl 或者 Shift 进行批量选择,将实习数据中的"省会.shp""省界.shp""国界.shp"和"省面.shp"加载至目录列表中,如图 2.1-3～图 2.1-5 所示。

3. 图层编辑

(1)标注要素。

在目录列表中单击"省会",右键弹出菜单栏,找到【标注要素】单击,省会的名称会显示在地图上,如图 2.1-6 所示,修改要素显示标志,加载图层属性及标志。

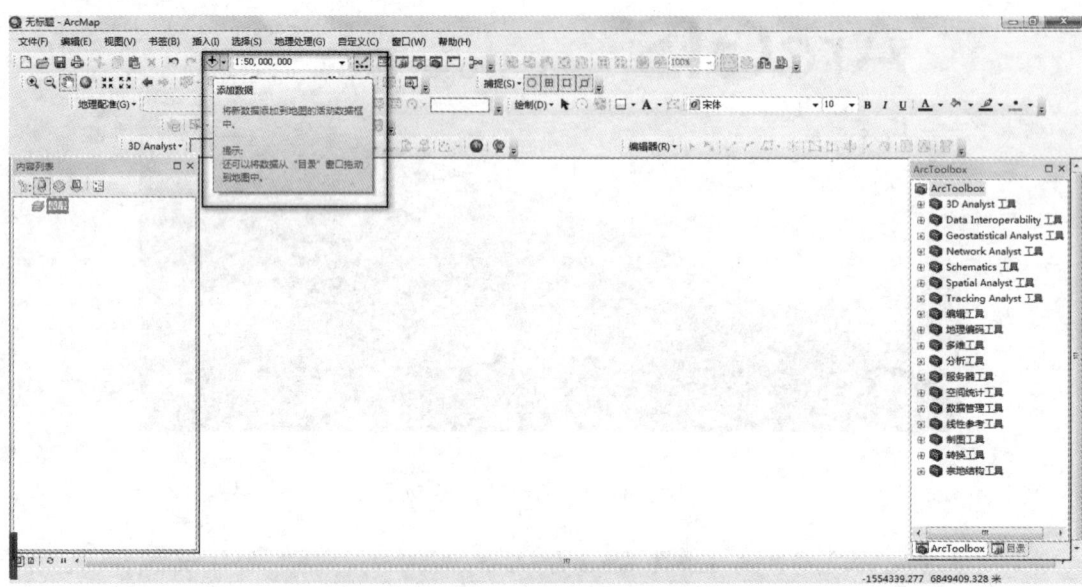

图 2.1-3 加载数据（1）

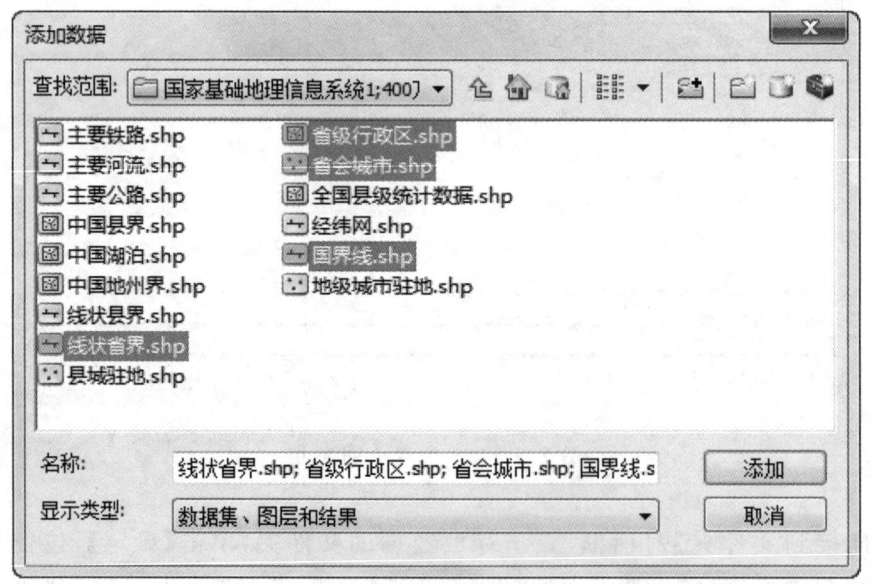

图 2.1-4 加载数据（2）

（2）更改标注选项。

在内容列表（在【窗口】中打开）中单击"省会"，右键弹出菜单栏，找到【属性】单击，打开【图层属性】对话框，找到【标注】选项卡，对【文本字符串】和【文本符号】进行更改，可以改变地图中省会城市名称的字体、大小、颜色等，如图 2.1-7、图 2.1-8 所示。

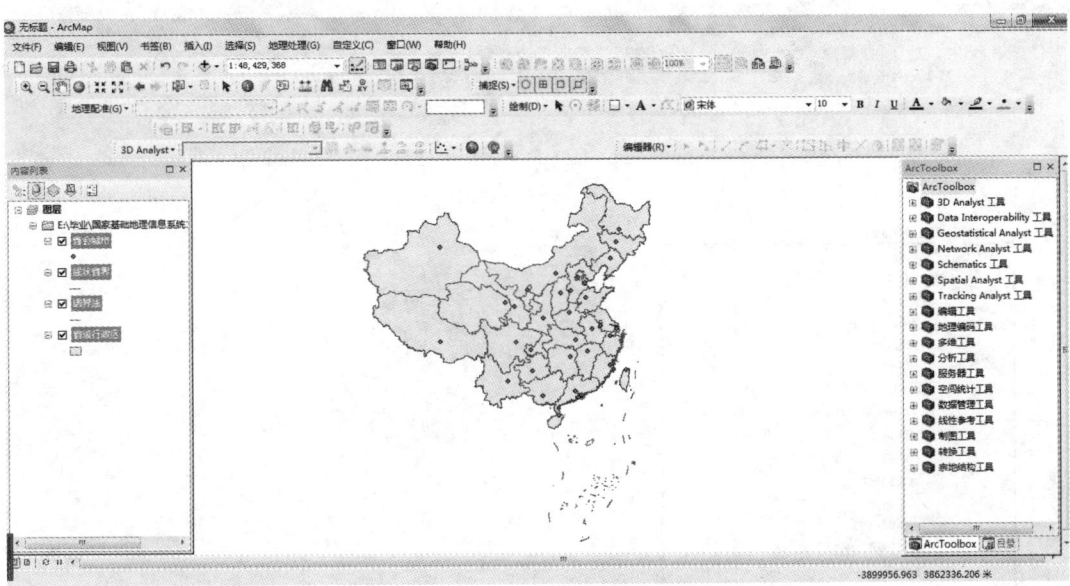

图 2.1-5 加载数据(3)

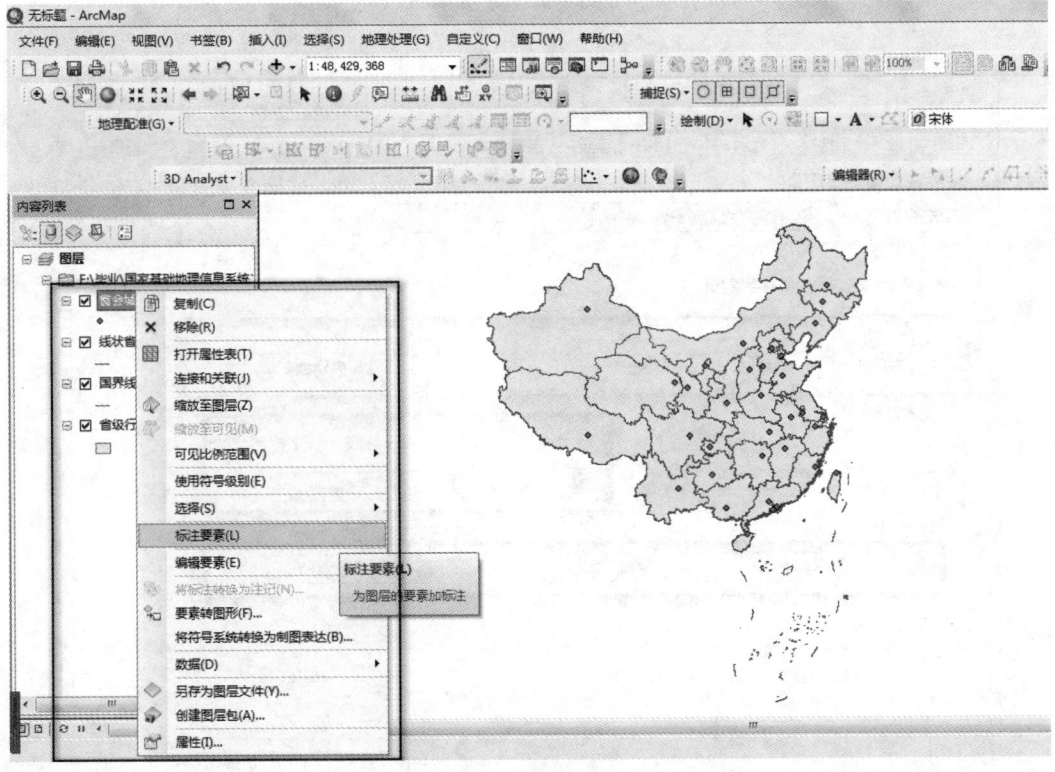

图 2.1-6 标注要素

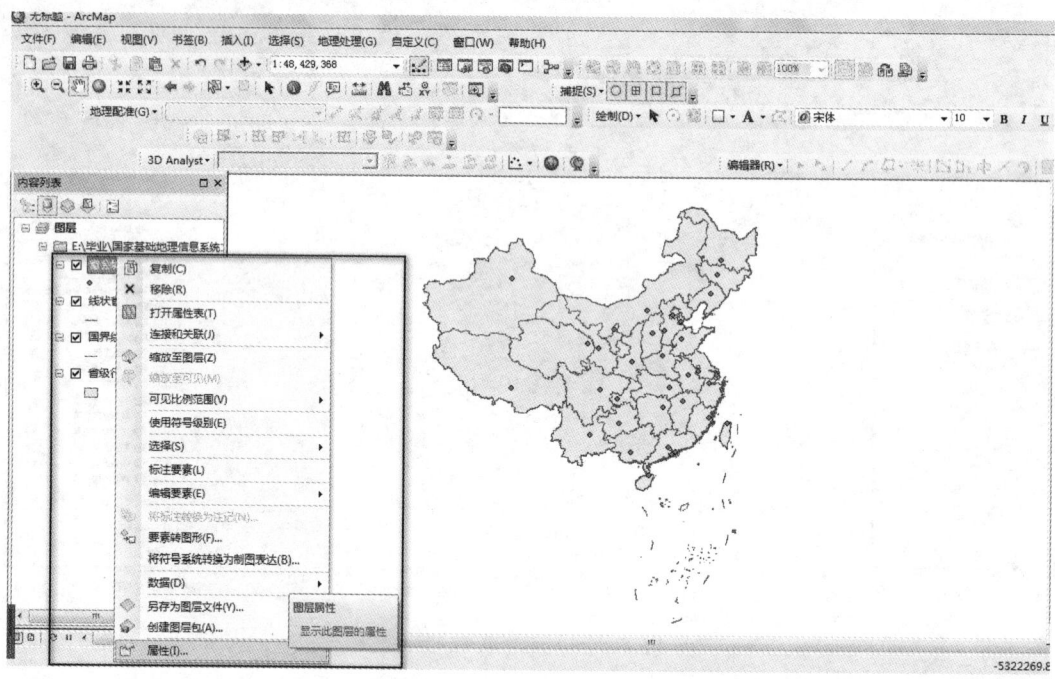

图 2.1-7 图层属性

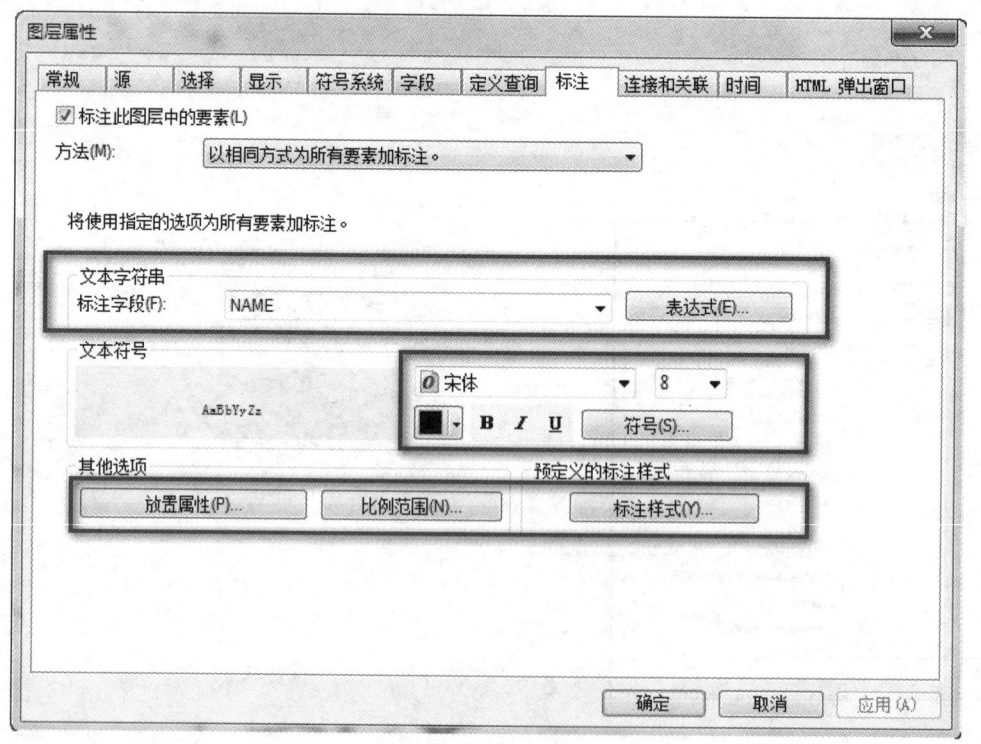

图 2.1-8 更改标注选项

(3)更改符号样式。

单击省会下面的标记,打开【符号选择器】,选择合适的图形标记,并对标记的"填充颜色""大小"等属性进行修改。打开【样式引用】,将【样式引用】对话框中的选项全部勾选,会出现更多不同的样式方便选择,如图 2.1-9、图 2.1-10 所示。

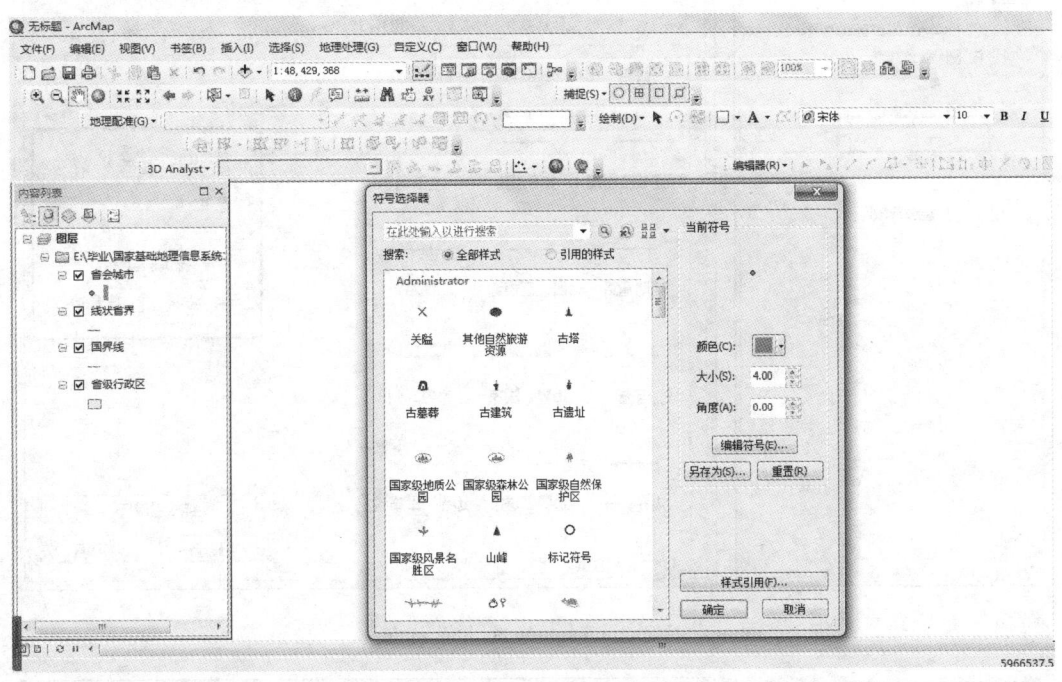

图 2.1-9 符号选择

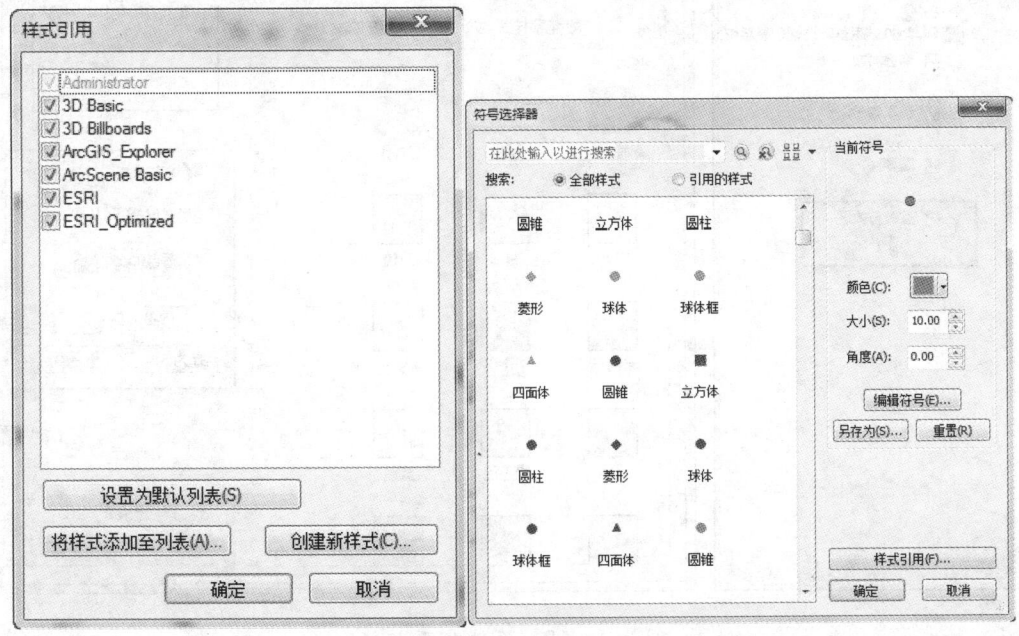

图 2.1-10 样式引用

同样，按照以上步骤，可以依次对国界、省界、省面下面的标记进行更改（图2.1-11、图2.1-12）。

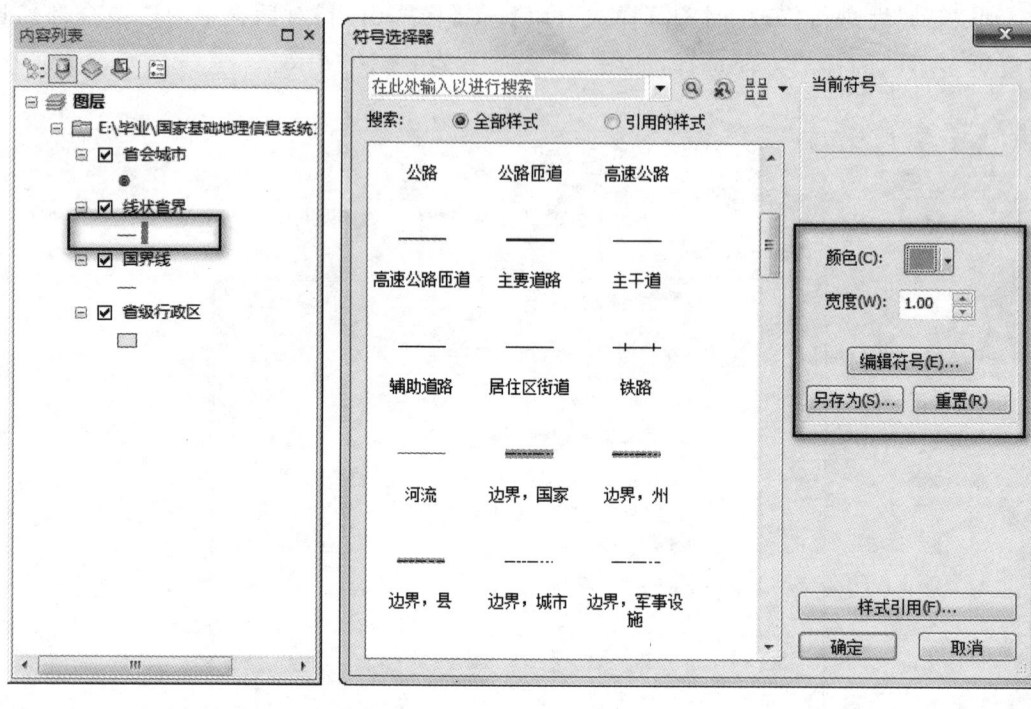

图2.1-11　修改省界标记

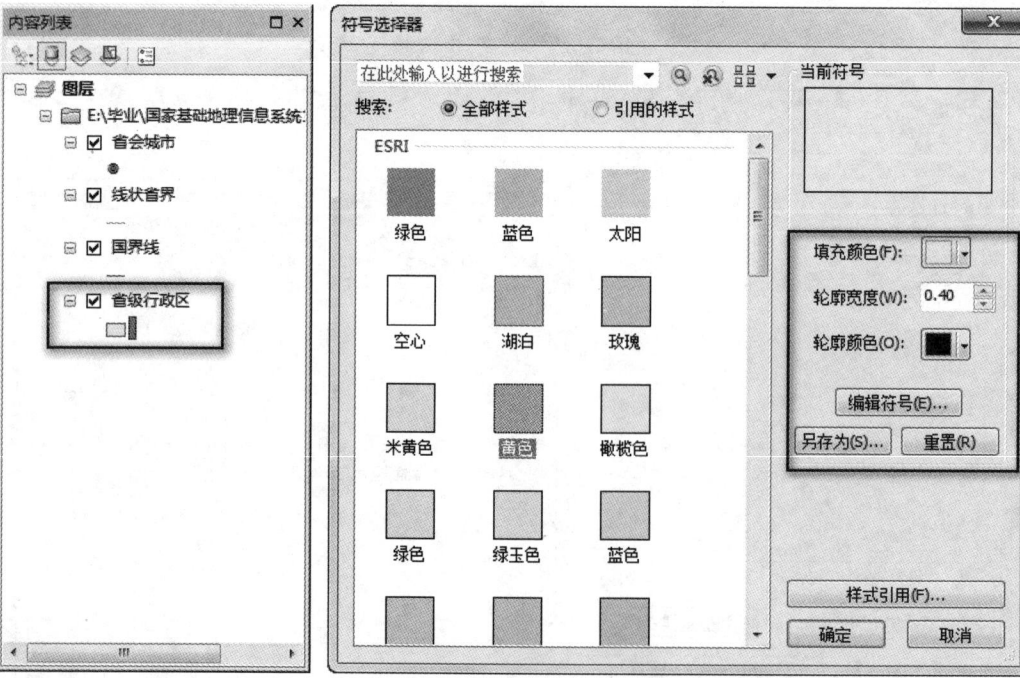

图2.1-12　修改省面标记

4. 效果预览

以美观和实用为原则，修改好所有图层的符号和标注之后，初步效果如图 2.1-13 所示。

图 2.1-13 初步效果图

5. 信息查询

每个图层都有附带的表信息，表格是地理要素的属性信息，可用于显示、查询和分析数据。表由行和列组成，且所有行都具有相同的列。在 ArcGIS 中，行和列分别称为记录和字段。每个字段可存储为一个特定的数据类型，如数字、日期或文本。

当打开多个表时，在【表】窗口中单击 按钮，选择【表选项】→【排列表】，此菜单下包括【新建水平选项卡】、【新建垂直选项卡】等菜单，用于设置多个表的排列组合。

这里以查找湖北省面为例进行学习，具体步骤如下：

(1)打开属性表。

在目录列表中找到省面，右键单击，弹出的菜单栏中找到【打开属性表】单击，打开【表】对话框，可以查看属性表的内容(图 2.1-14)。

(2)信息查询。

在【表】对话框中单击 按钮，下拉菜单中找到【按属性选择】单击，找到【按属性选择】对话框进行查询操作。双击"NAME",单击"＝",键盘输入'湖北省'(注意格式:大写情况下的单引号),点击【应用】按钮,可以发现属性表中的湖北省数据栏被选中,在地图中同样可以发现湖北省的边缘也勾出(图2.1-15~图2.1-17)。同样,也可以输入其他的查询格式,比如查询省会城市、其他省份的信息等。

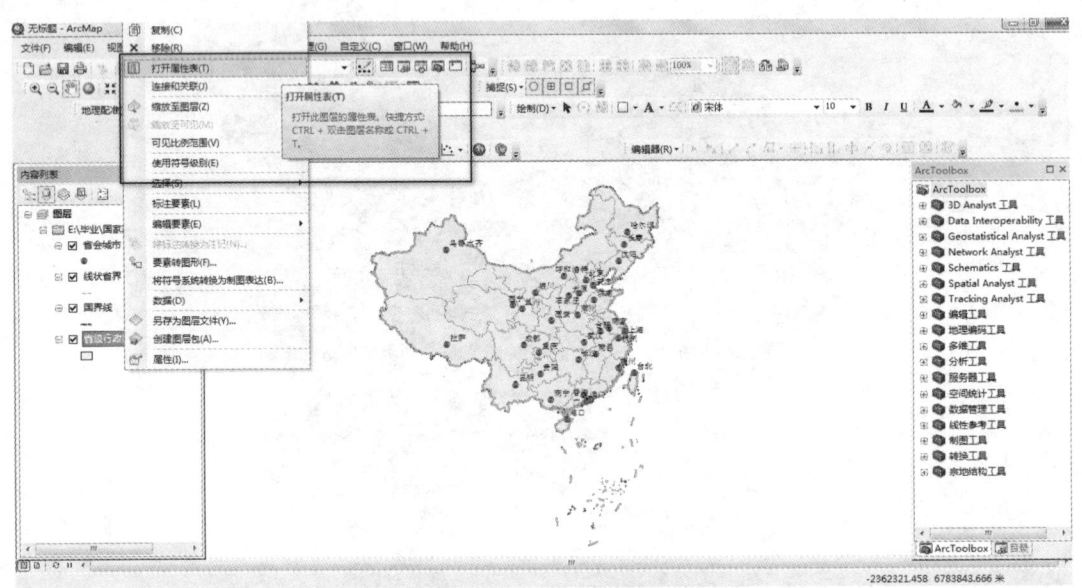

图 2.1-14 打开属性表

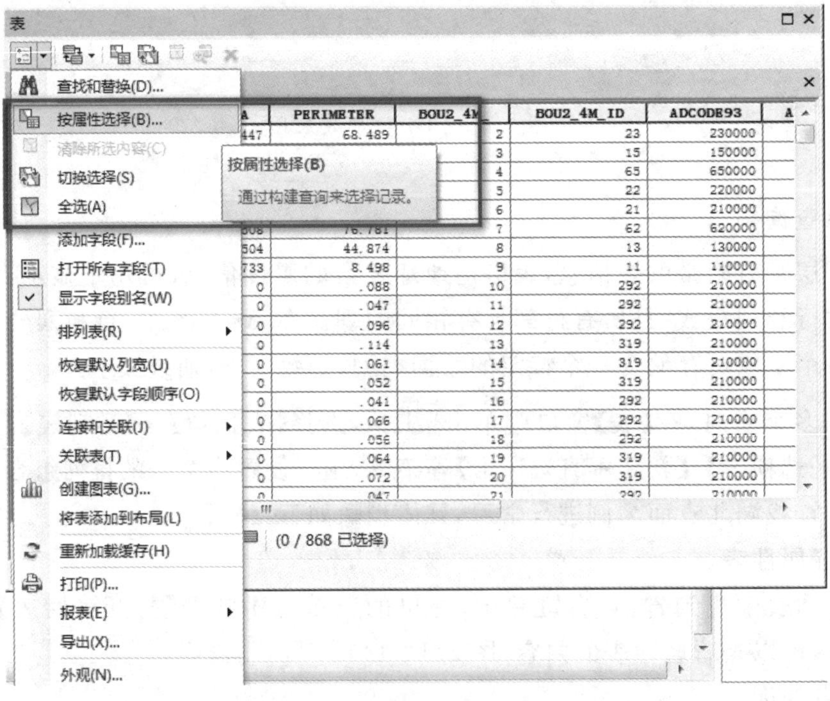

图 2.1-15 按属性选择

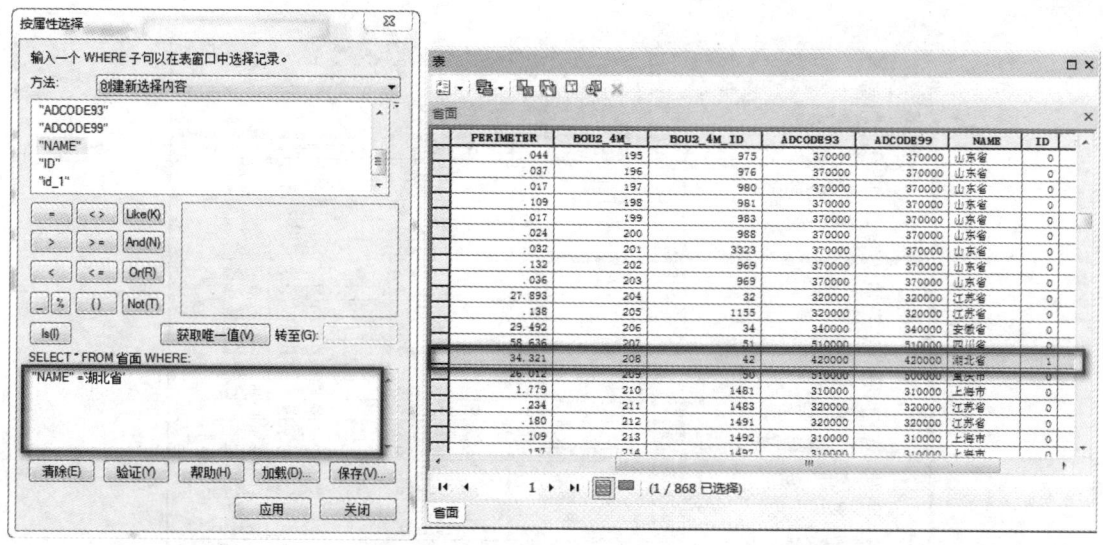

图 2.1-16　查找湖北省

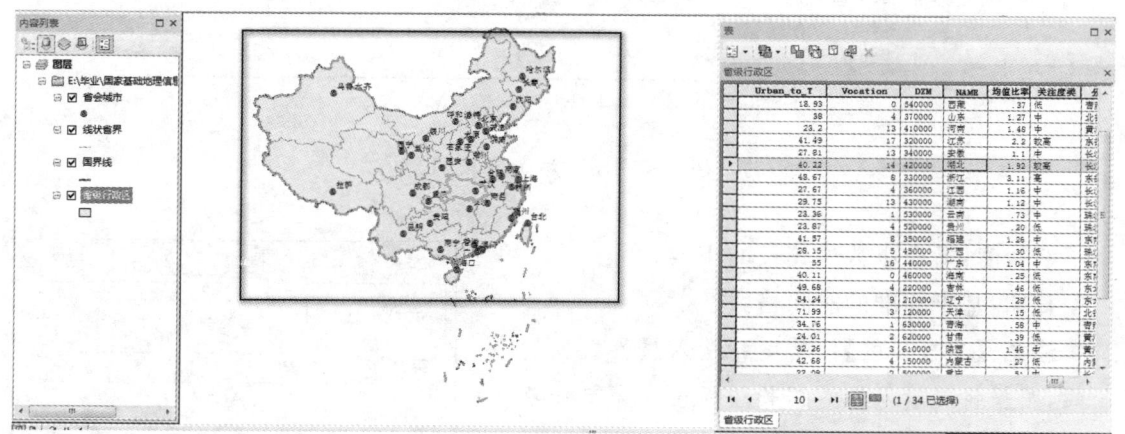

图 2.1-17　选中湖北省

6. 要素修改

以把湖北省改成与其他省份不一样的颜色为例进行学习。

(1)在目录列表中找到省面,右键单击,在弹出的菜单栏中找到并单击【打开属性表】。

(2)在【打开属性表】对话框单击 按钮,单击【添加字段】,添加一个 ID 字段,【类型】选择短整型,单击【确定】(图 2.1-18、图 2.1-19)。

字段类型有以下几种:

短整型:适合位数较短的整数。

长整形:适合位数较长的整数。

浮点型:适合小数位较短的小数。

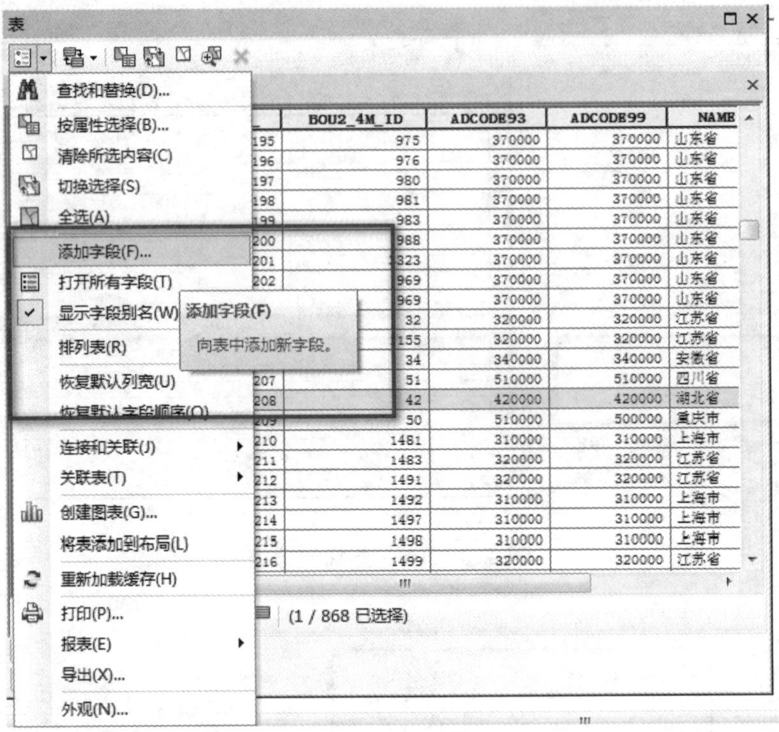

图 2.1-18 添加字段(1)

双精度:适合小数位较长的小数。

日期:基于标准的时间格式。

注意:【字段属性】的精度指输入属性数据的长短,根据将要输入的数据长短而设。需要注意的是字段属性设置不必太长,足够即可,太长则会影响操作。

(3)打开【编辑器】(在【自定义】→【工具条】中打开),点击【开始编辑】,双击湖北省的 ID 进行更改,赋为 1,其他省面均为 0,完成后点击【结束编辑】→【保存】(图 2.1-20)。

(4)在目录列表找到省面右键单击,在弹出的菜单栏找到并单击【属性】,打开【图层属性】,在【图层属性】对话框中找到【符号系统】选项卡,点击【类别】,【值字段】下拉框中选择 ID,点击【添加所有值】,双击 0 和 1 的长方形格子,可以对显示颜色进行更改,点击【确定】,地图中的湖北省的显示颜色和其他省份的颜色会区分出来(图 2.1-21、图 2.1-22)。

图 2.1-19 添加字段(2)

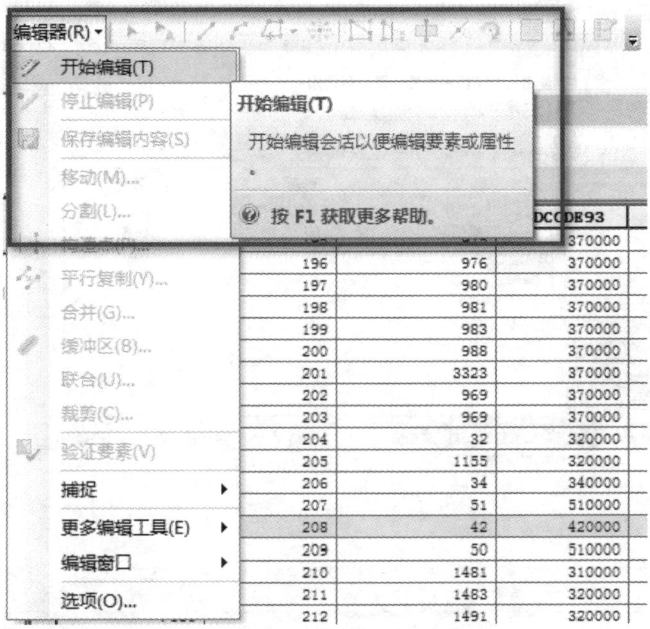

图 2.1-20 打开编辑器

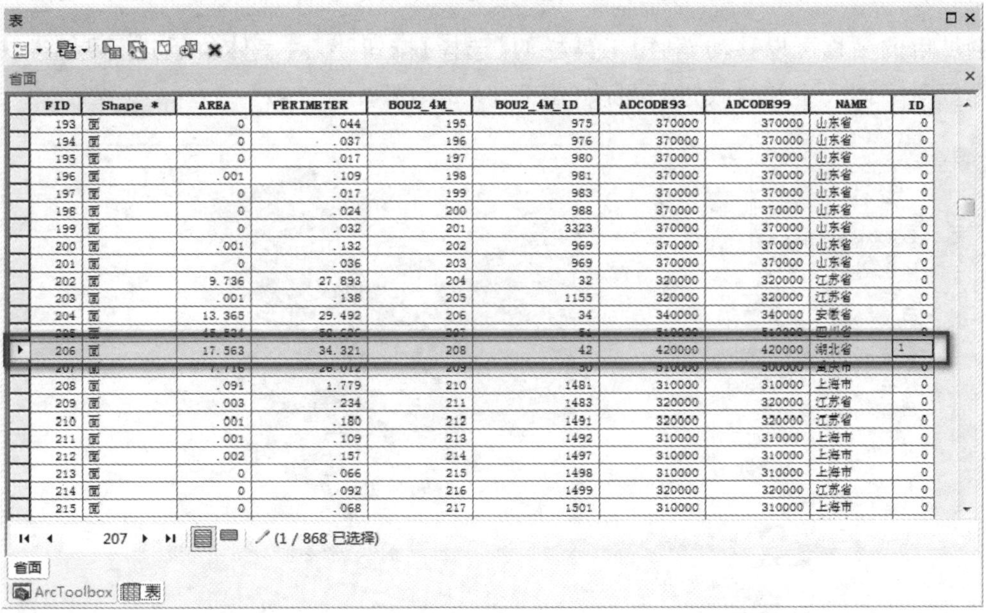

图 2.1-21 更改湖北省 ID

7. 自定义要素注记位置

仔细观察地图,可以发现图中省会城市的字体分布有重叠,需要进行调整,在目录列表中找到省会右键单击,在弹出的菜单栏中找到并单击【将标注转换为注记】,【存储类型】

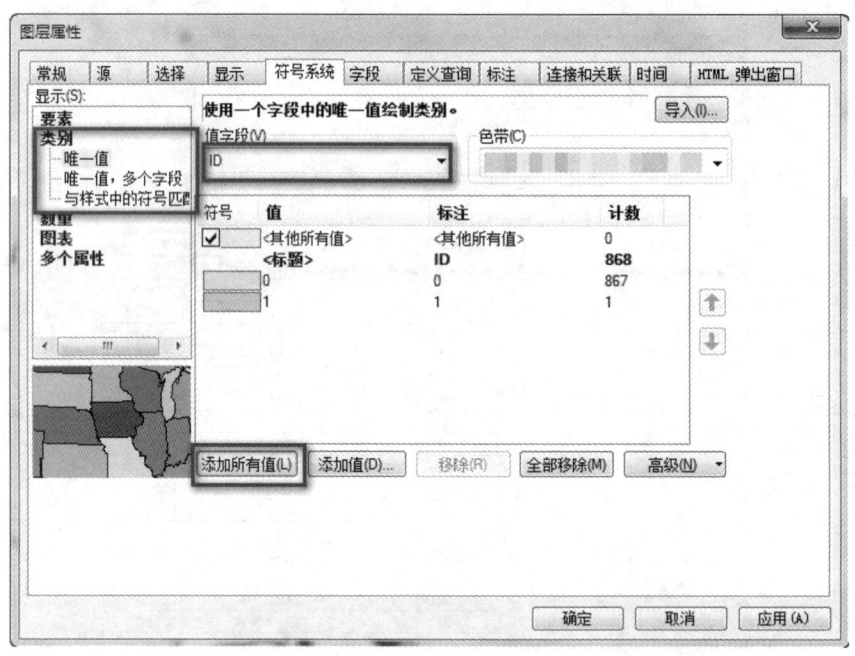

图 2.1-22 符号系统

选择【在地图中】,【为以下选项创建注记】选择【所有要素】,单击【转换】,返回地图可以发现省会城市的名称可以移动,利用工具栏的【选择】按钮 对字体位置进行调整,双击字体文本框对字体大小和样式进行更改(图 2.1-23、图 2.1-24)。

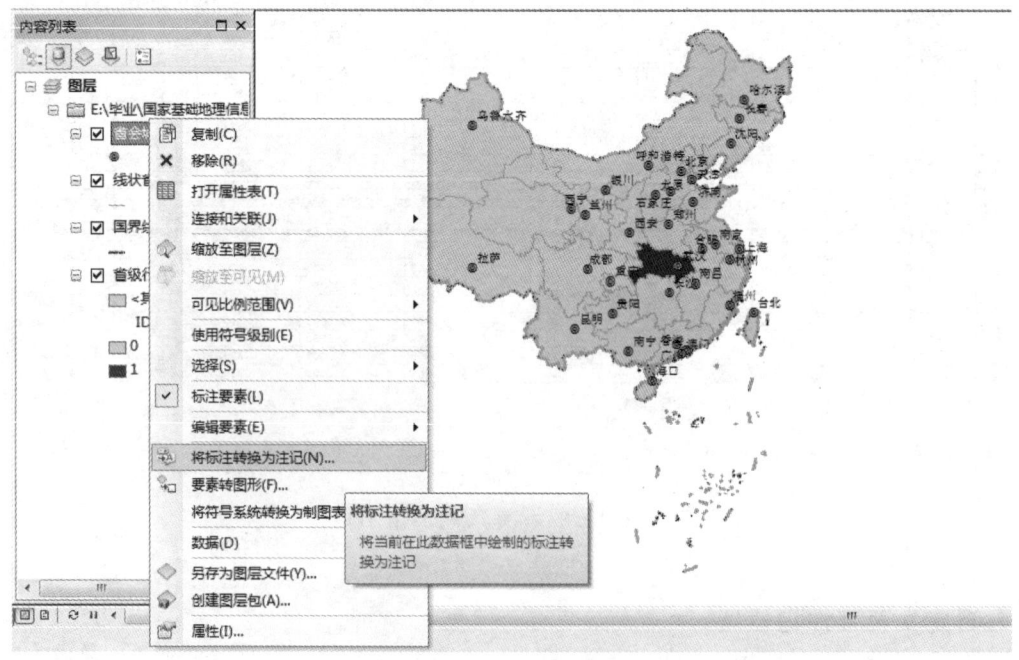

图 2.1-23 标注转换为注记(1)

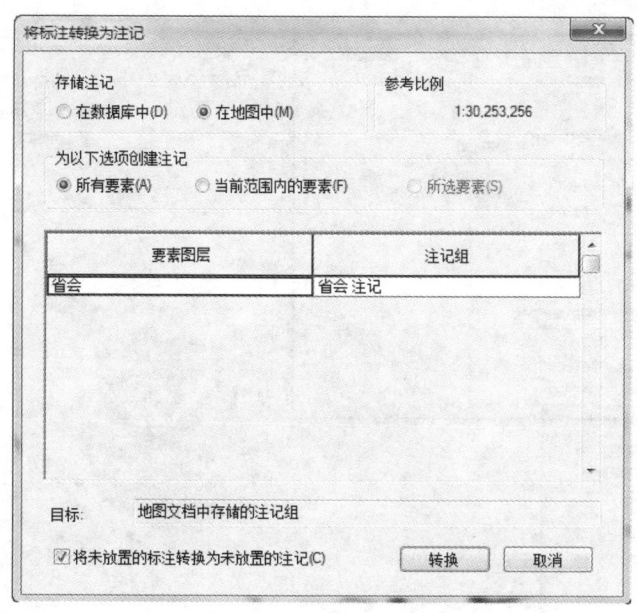

图 2.1-24　标注转换为注记(2)

注意：将标注转换为注记后，不能通过修改图层属性中的标注选项而改变字体字号等，因为此时标记已经转换为注记。若要统一修改其字体字号等时，点击【选择】按钮，拉一个矩形框，把修改的内容拉入框内，在【绘图】(通过【自定义】→【工具条】中打开)栏中修改即可。

8. 切换视图

ArcGIS 提供了数据视图和布局视图两种视图方式。数据视图是对地理数据进行浏览、显示、查询的通用视图，此视图隐藏了部分地图元素，如标题、指北针和比例尺等。布局视图用于显示虚拟页面的视图，在该页面上放置和布局了地理数据和地图元素，以便地图制图和输出。两种地图显示方式可以通过地图显示窗口左下角的 ▢ 和 ▤ 两个按钮来实现，或者通过单击【视图】菜单下的【布局视图】和【数据视图】子菜单进行切换。

在菜单栏选择【视图】→【布局视图】，由数据视图切换到布局视图，如图 2.1-25 所示。

9. 页面和打印设置

在菜单栏找到【文件】→【页面和打印设置】，单击打开对话框。这里纸张【大小】选择A3,【方向】选择横向，调整边框到合适的大小和位置在目录列表中选择能够撑满界面的图层，右键单击，找到并单击【缩放至图层】，如图 2.1-26～图 2.1-28 所示。

注意：为使地图能够位于打印页面的中心，并且可以撑满整个页面，需要在切换到布局视图前找到适合的图层，单击右键，在弹出的对话框中选择【缩放至图层】，然后切换到布局视图，拉动地图的边框调整到合适的大小及位置。有时操作一次不能实现，反复几次可达到理想效果。

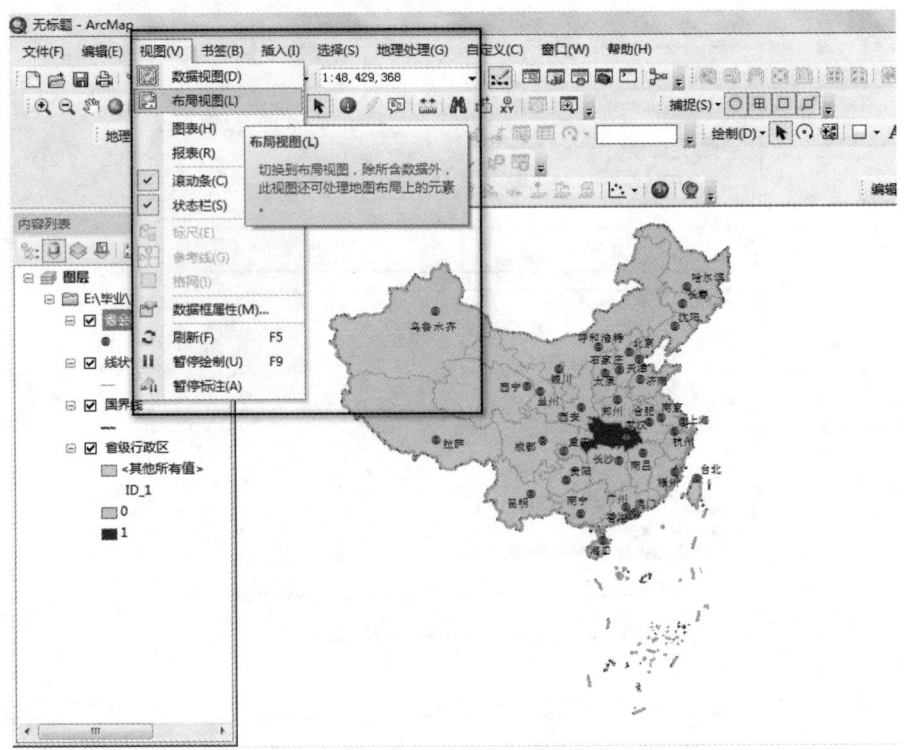

图 2.1-25　布局视图切换

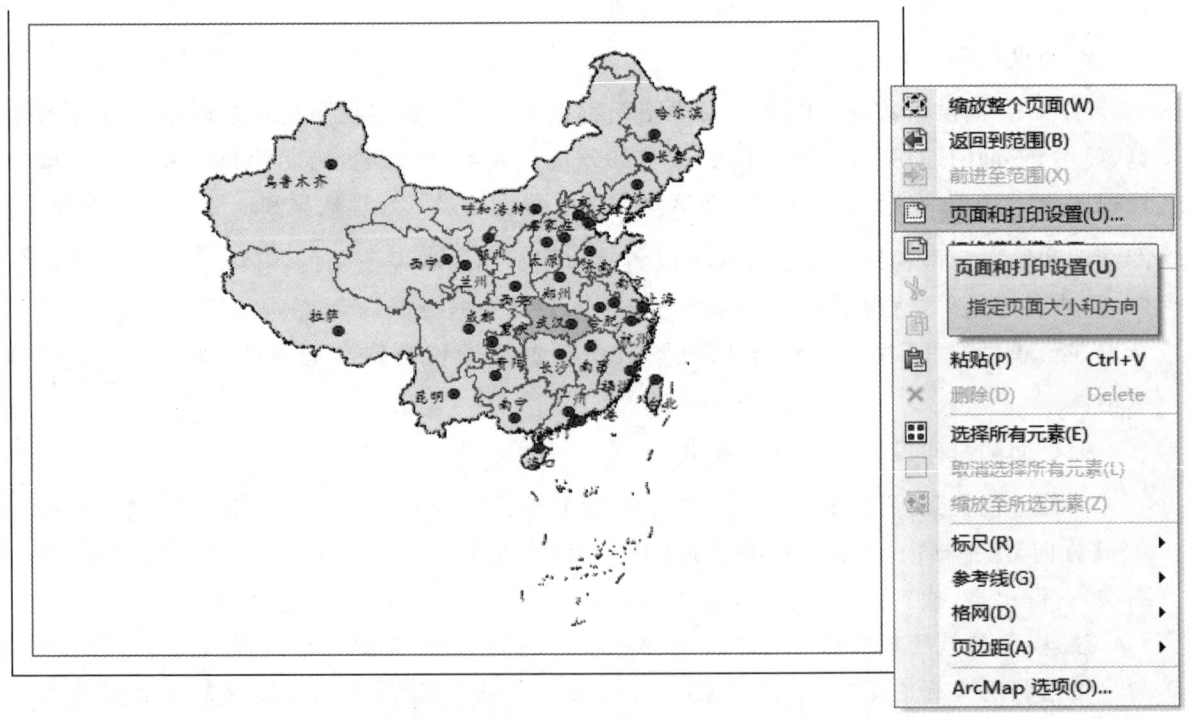

图 2.1-26　页面和打印设置(1)

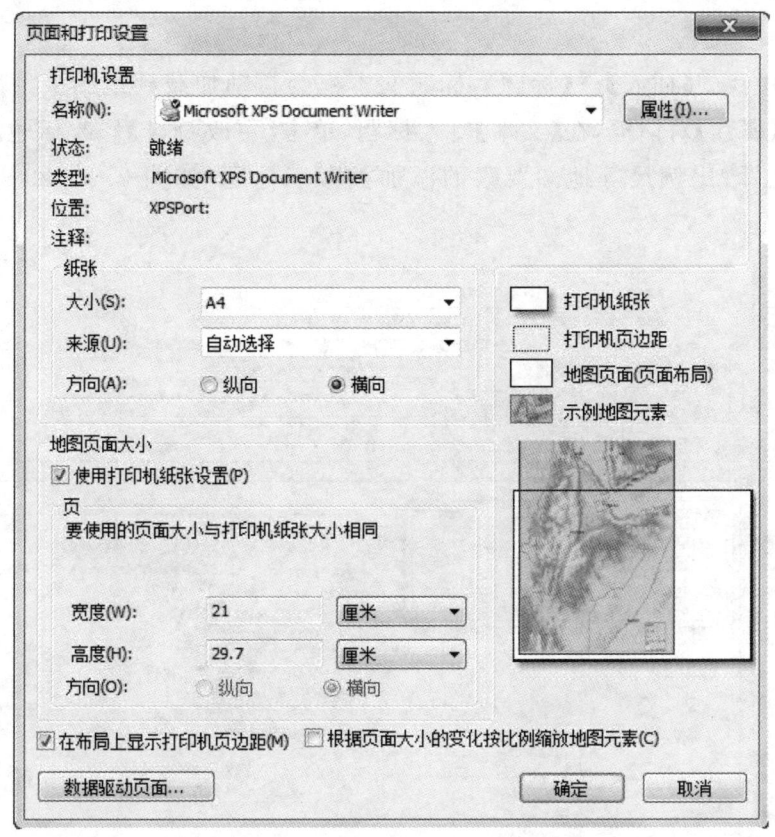

图 2.1-27 页面和打印设置(2)

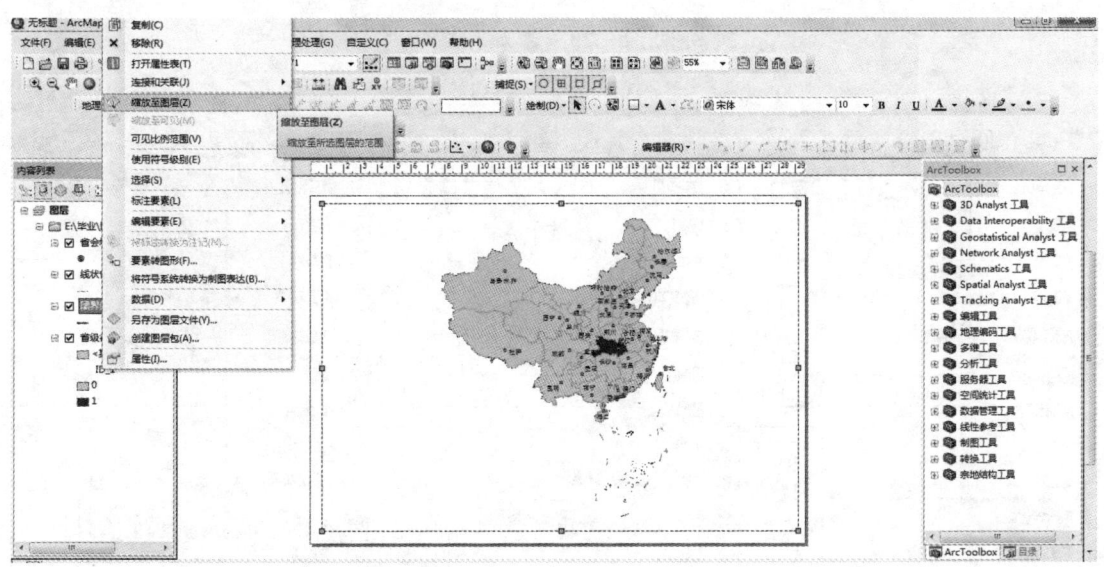

图 2.1-28 缩放至图层

10. 添加地图要素

在菜单栏中找到【插入】→【标题】，标题文本框会自动加载到地图上，找到空的文本框，双击，打开【属性】对话框，在【文本】输入标题，单击【更改符号】修改标题的字号、字体等。图例、指北针、比例尺等地图要素的添加类似于标题，如图 2.1-29～图 2.1-32 所示。

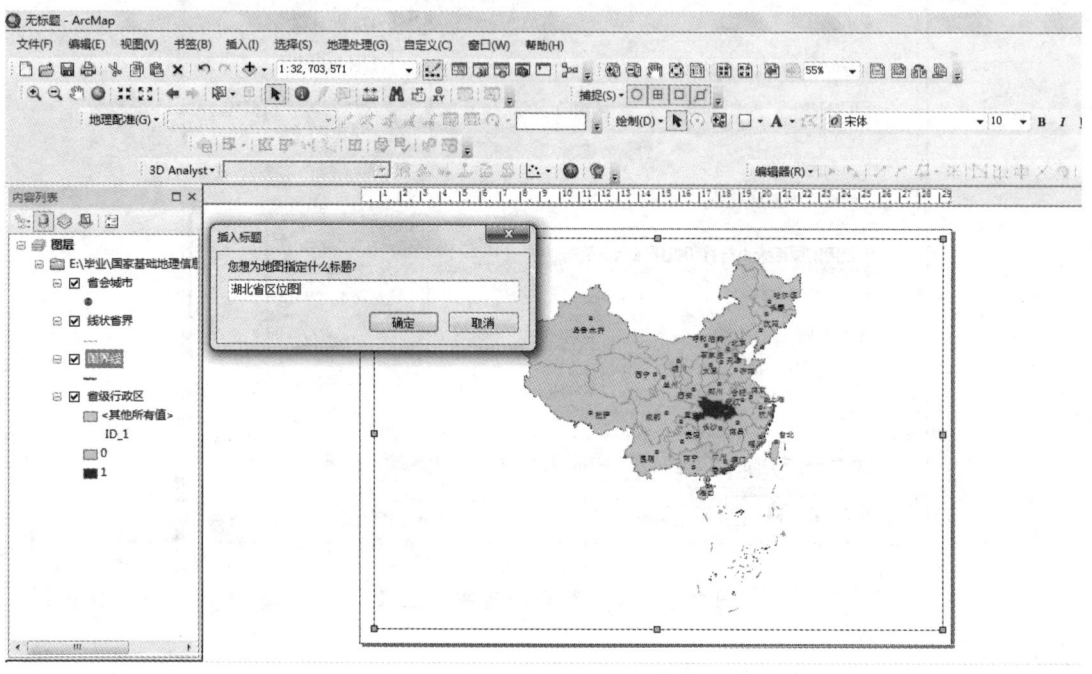

图 2.1-29　添加标题

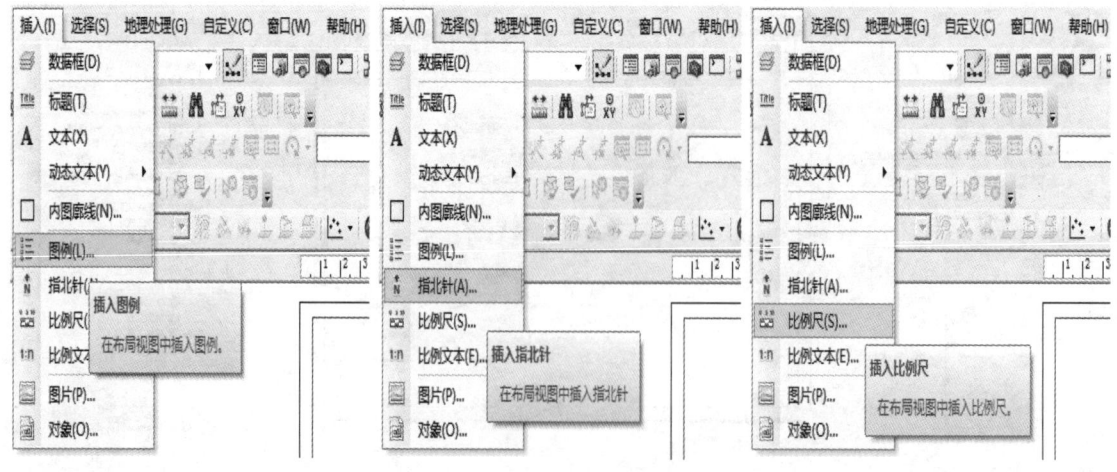

图 2.1-30　添加图例　　　图 2.1-31　添加指北针　　　图 2.1-32　添加比例尺

对于图例，打开【图例向导】之后，根据需要依次设置图例框属性。双击图例即可打开属性对话框，向导中的所有内容都可以更改。指北针和比例尺的操作与此类似。另外，图例的显示与图层属性是挂钩的，在此基础上，修改数据目录列表中相关内容都会改变图例的内容。因此，这也是修改图例内容的一种基本方法。

这种方法适用于结构简单的图例。当需要设置复杂的结构图例或自定义图例时，可以通过转换为图层实现。具体操作为：选中图例，右键选择【转换为图形】，再右键选择【取消分组】，将图例拆分为单个的对象。选中需要编辑的对象，右键选择【取消分组】，双击文字弹出文本编辑对话框，即可编辑相关属性，如图2.1-33、图2.1-34所示。

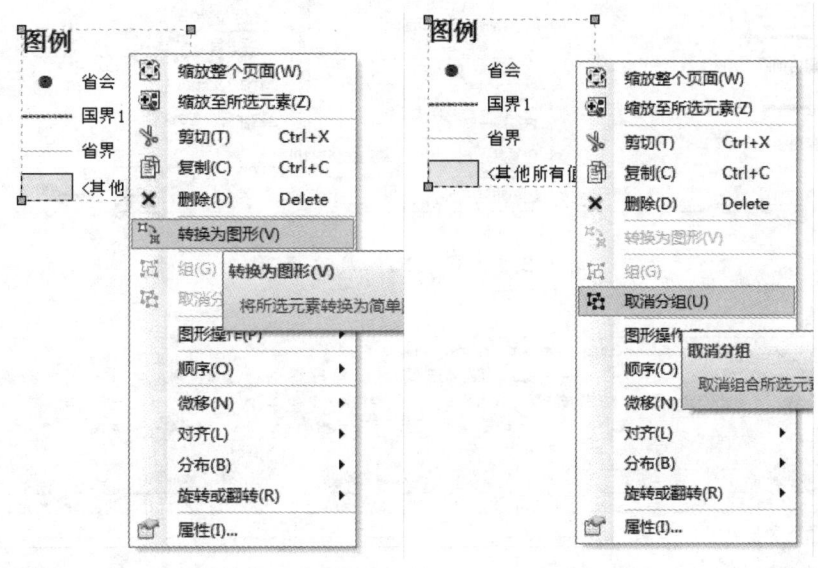

图 2.1-33　转换为图形

指北针和比例尺亦有相同的操作。需要注意的是插入比例尺时，注意在比例尺的选择器中点击属性，更改【主刻度单位】为千米。具体操作为右击图层组，打开【属性】→【常规】→【单位】→【显示】为千米（图2.1-35、图2.1-36）。

注意：比例尺转换为图形之后就不再与源数据相关联，即比例尺转换为图形之后再调整形状则就会产生地图与比例尺数据不匹配。

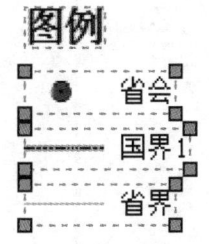

图 2.1-34　转换效果

11. 输出地图并保存

（1）输出地图。

在导出地图之前，进行打印预览，便于发现问题，及时修改。通过【文件】→【打印预览】打开。

在菜单栏选择【文件】→【导出地图】，在【导出地图】文本框中，输入【文件名】，【保存类

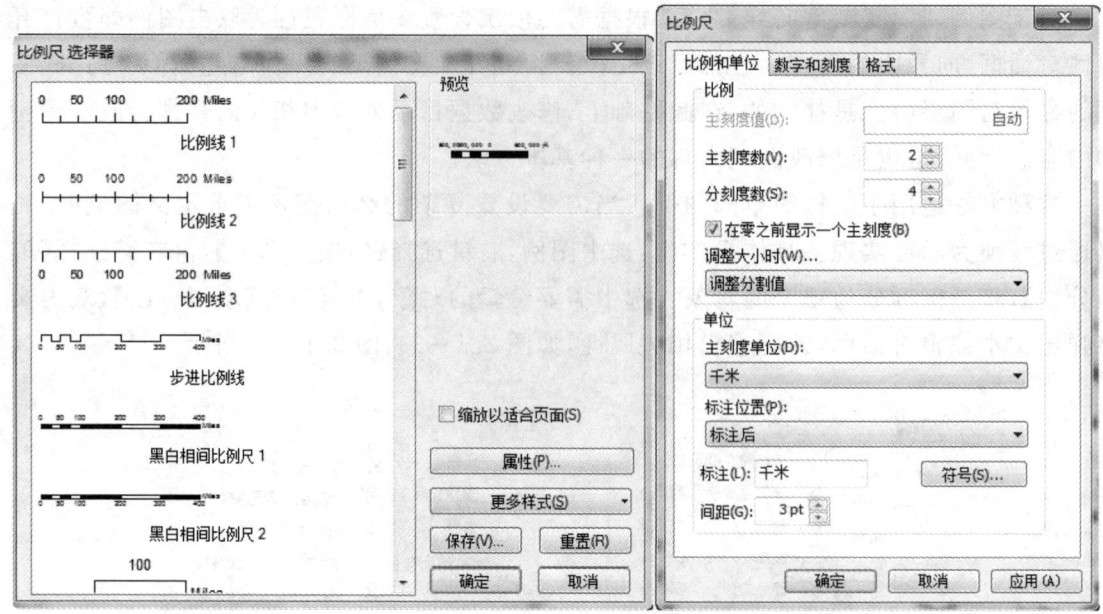

图 2.1-35　比例尺选择器

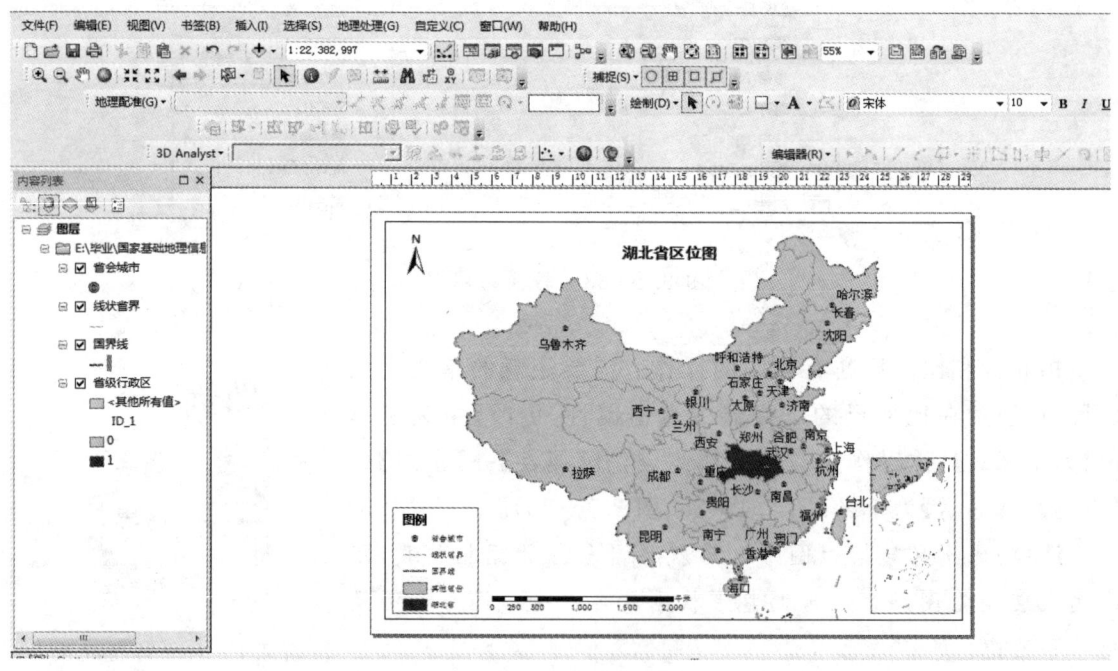

图 2.1-36　最终效果图

型】选择 JPEG,【分辨率】设置为 600dpi,点击【保存】。分辨率的 dpi 值越大,输出的图片越清晰,文件也会越大,出图时间也更长;反之则图件的清晰度会受到影响,如图 2.1-37 所示。输出地图效果如图 2.1-38 所示。

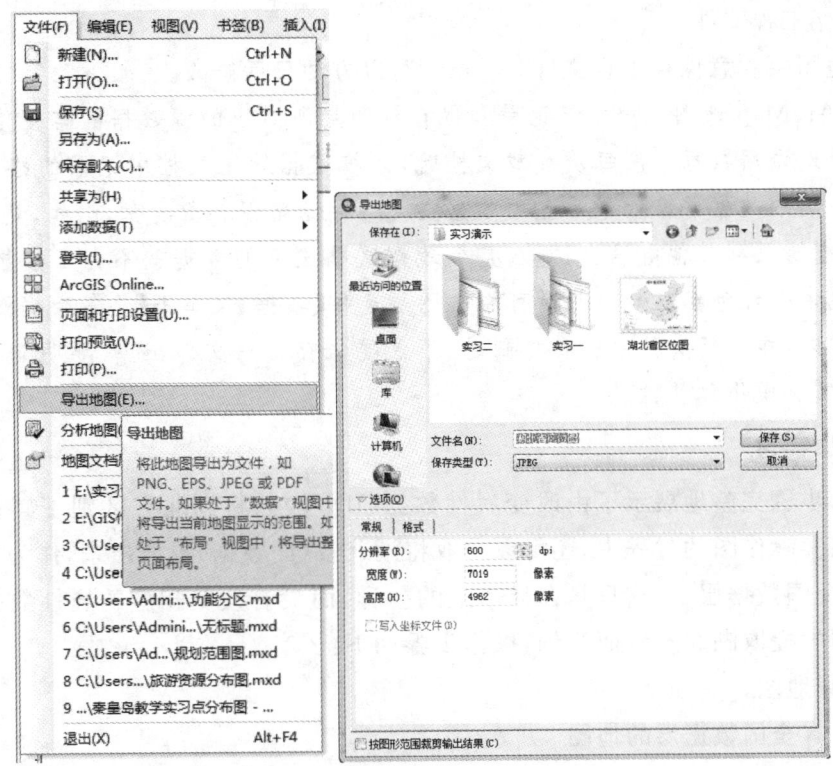

图 2.1-37 导出地图

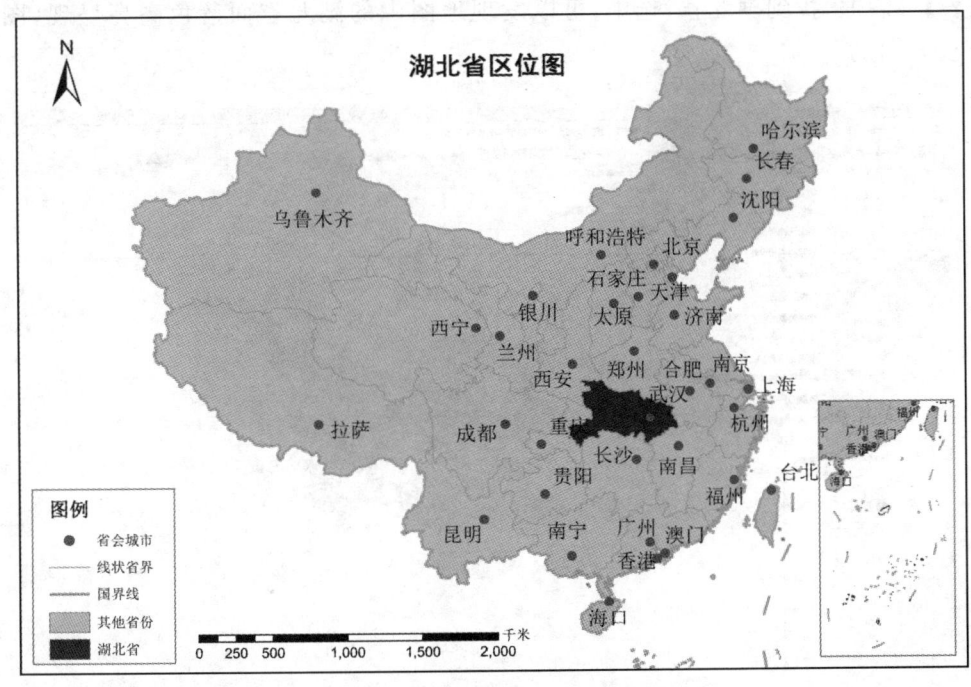

图 2.1-38 湖北省区位图

(2)保存工程文件。

输出地图后注意保存工程文件"*.mxd",以方便日后修改。

注意：ArcMap地图文档中只记录和保存各图层所对应的源数据的路径信息,通过路径信息实时地调用数据源。每次加载文档时,系统根据地图文档中记录的路径信息去指定的目录中读取数据源。如果磁盘中数据文件的存储路径有所改变,比如,复制到另一个文件夹里,或拷贝到其他电脑上,那么整个地图文档文件的数据就不会正常显示,图层面板上会出现多个红色感叹号。此时可右击图层选择【数据】菜单下【修复数据源】菜单来修复数据。所以,在进行文件保存和复制时,不仅要保存工程文件,还需要明确数据存储位置,以方便二次操作和移位。

12. 附加实习

上面的步骤完整地展示了由改变属性数据(ID号)而将湖北省区别于其他省份的表示方法。在实际作图的过程中,还可以采取将湖北省(面数据)提取出来,作为一个新的图层,叠加在全国数据层上,这只是在显示上的差异,而没有改变相应的属性数据。这里以在全国地图中提取湖北省省面为例,操作步骤如下：

(1)打开地图。

打开具有全国数据层的地图。

(2)选择数据。

在目录列表中找到省面图层,右键单击,在弹出的菜单栏中找到【打开属性表】,单击,打开【表】对话框,找到湖北省,选中,可以发现地图中的湖北省面蓝色高亮呈现(图2.1-39、图2.1-40)。

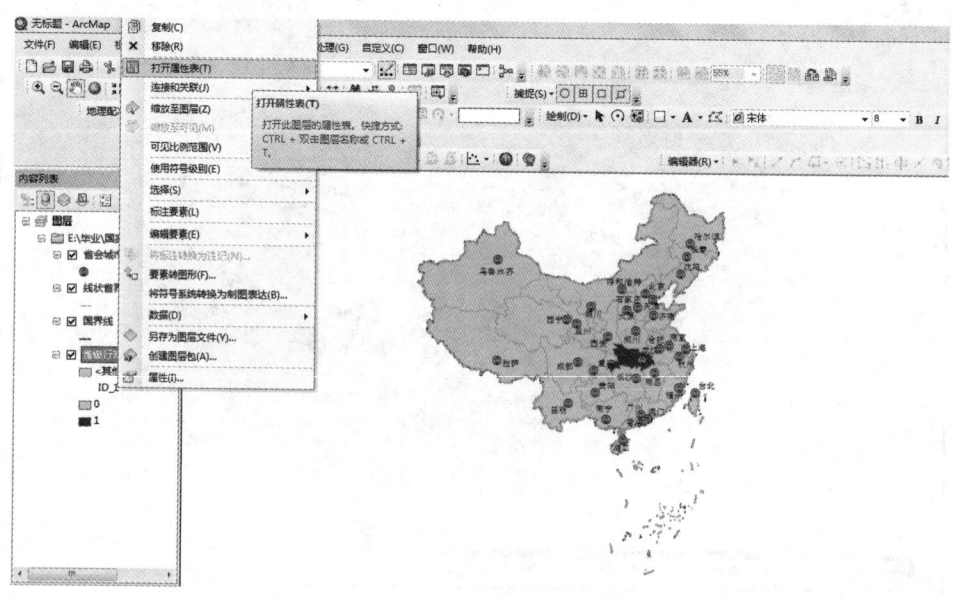

图 2.1-39　打开属性表

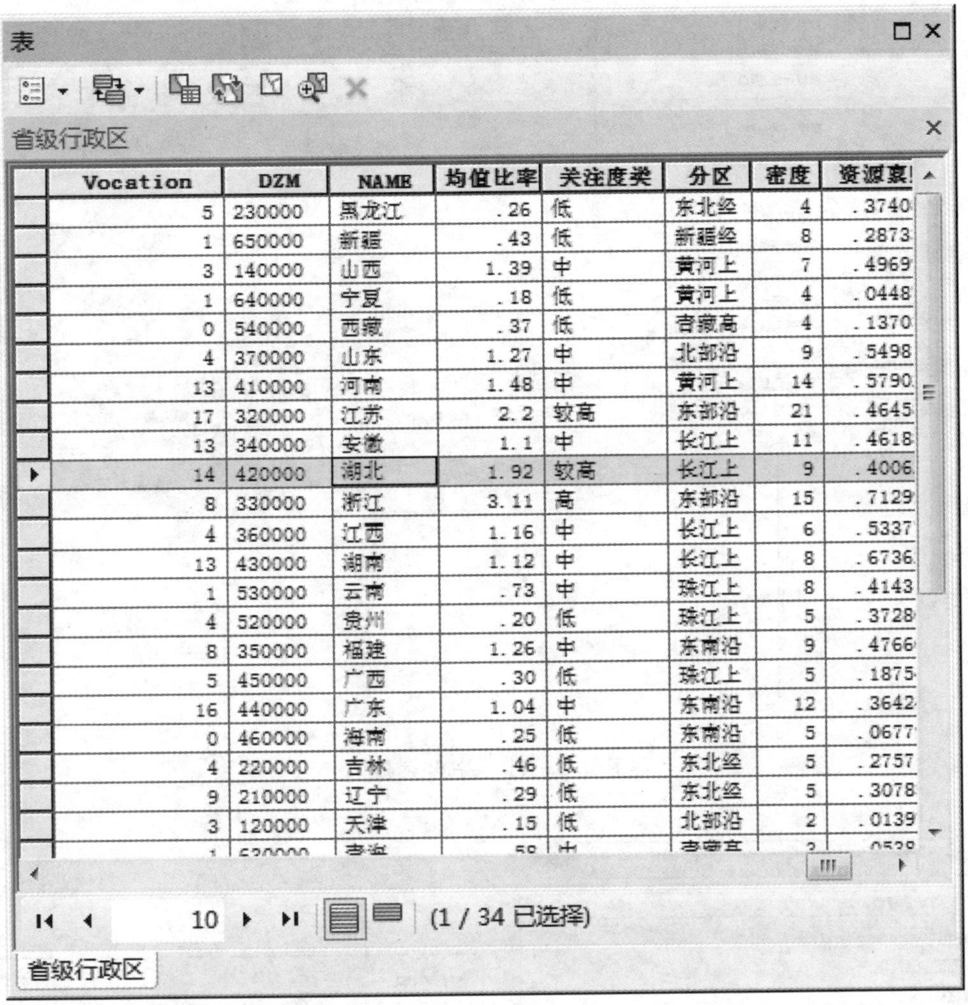

省级行政区							
Vocation	DZM	NAME	均值比率	关注度类	分区	密度	资源衰
5	230000	黑龙江	.26	低	东北经	4	.3740
1	650000	新疆	.43	低	新疆经	8	.2873
3	140000	山西	1.39	中	黄河上	7	.4969
1	640000	宁夏	.18	低	黄河上	4	.0448
0	540000	西藏	.37	低	青藏高	4	.1370
4	370000	山东	1.27	中	北部沿	9	.5498
13	410000	河南	1.48	中	黄河上	14	.5790
17	320000	江苏	2.2	较高	东部沿	21	.4645
13	340000	安徽	1.1	中	长江上	11	.4618
14	420000	湖北	1.92	较高	长江上	9	.4006
8	330000	浙江	3.11	高	东部沿	15	.7129
4	360000	江西	1.16	中	长江上	6	.5337
13	430000	湖南	1.12	中	长江上	8	.6736
1	530000	云南	.73	中	珠江上	8	.4143
4	520000	贵州	.20	低	珠江上	5	.3728
8	350000	福建	1.26	中	东南沿	9	.4766
5	450000	广西	.30	低	珠江上	5	.1875
16	440000	广东	1.04	中	东南沿	12	.3642
0	460000	海南	.25	低	东南沿	5	.0677
4	220000	吉林	.46	低	东北经	5	.2757
9	210000	辽宁	.29	低	东北经	5	.3078
3	120000	天津	.15	低	北部沿	2	.0139
1	630000	青海	.58	中	青藏高	3	.0539

(1 / 34 已选择)

图 2.1-40 选中湖北省面

(3)输出数据。

右键单击省面图层,在弹出的菜单栏找到【数据】→【导出数据】,单击,打开【导出数据】对话框,在其下拉菜单中选择【所选要素】,【输出要素类】中选择存储位置,单击【确定】,弹出对话框,单击【确定】,可以发现导出的湖北省面数据自动加载到目录列表中(图2.1-41~图 2.1-43)。

(4)加载数据。

可以通过加载数据的方式打开导出的湖北省面数据(图 2.1-44)。

(5)制作湖北省区位图,操作同上。

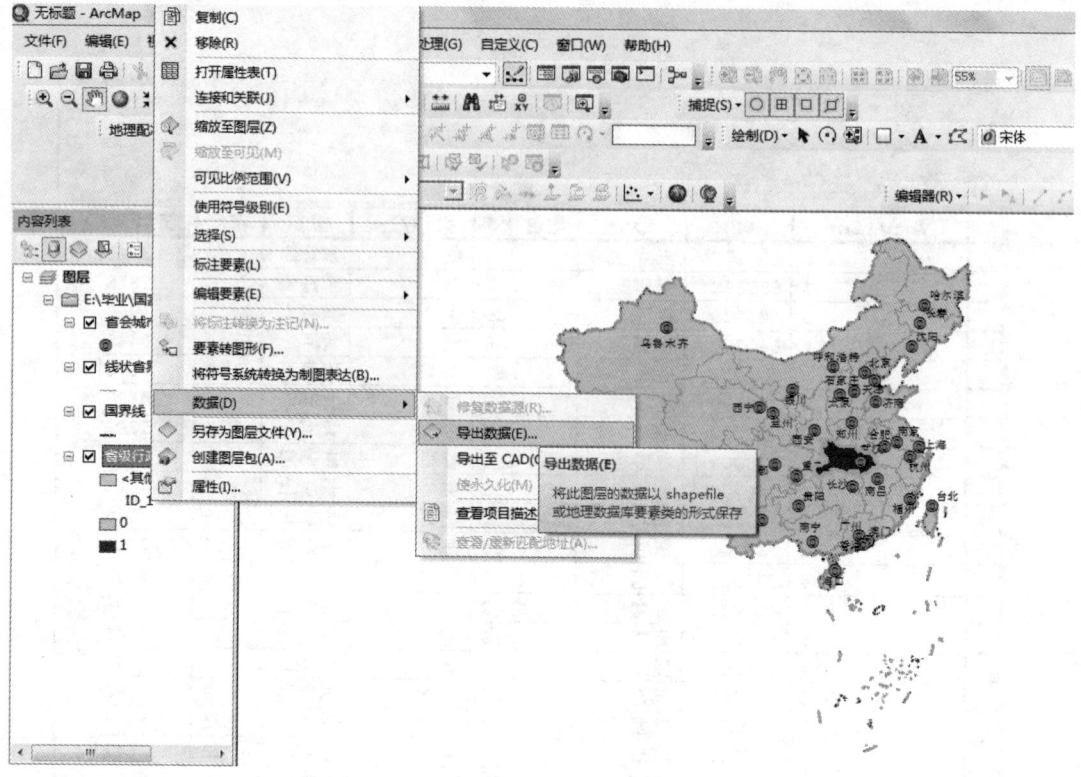

图 2.1-41 导出数据(1)

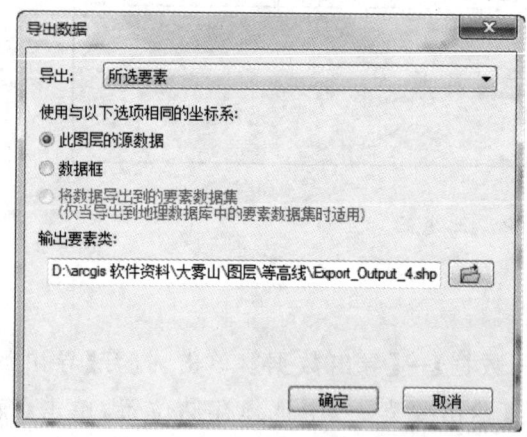

图 2.1-42 导出数据(2)

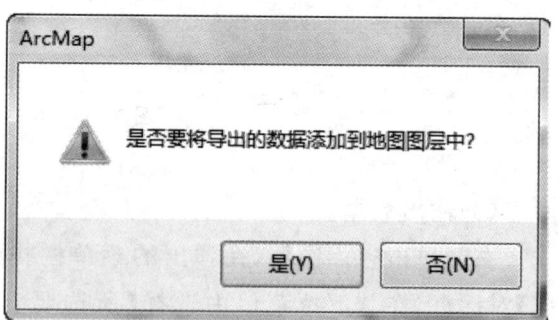

图 2.1-43 加载导出数据(1)

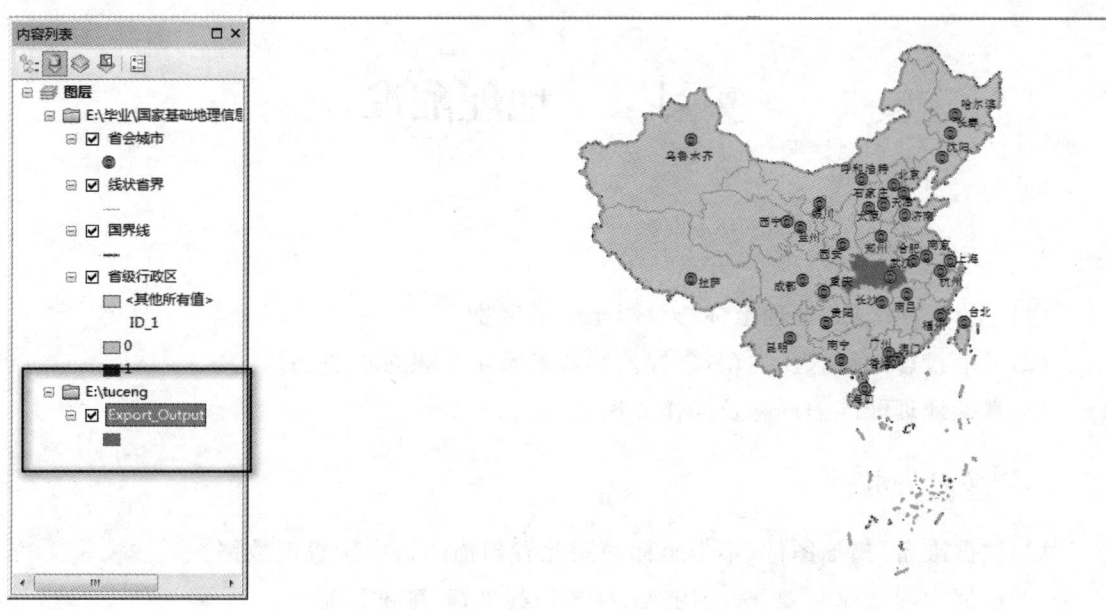

图 2.1-44 加载导出数据(2)

实习二　地理配准

（一）实习目的

(1)了解大地坐标、地理坐标与投影坐标的区别。
(2)了解投影的概念及类型，掌握投影转换及定义投影的方法。
(3)掌握地理配准的概念及操作方法。

（二）实习要求

(1)数据准备：扫描图件(不带坐标的湖北省扫描图)；中国投影数据。
(2)根据实习操作步骤，学会用 ArcGIS 加载坐标，配准图形。

（三）实习成果

输出一张有坐标(与中国投影数据坐标一致)的湖北省地图(img 格式或 tiff 格式)。

（四）实习步骤

1. 添加数据

在工具条找到【添加数据】，弹出【添加数据】对话框，选择"hubei.jpg"和中国投影数据里的"地级市 shp."加载到地图中。在目录列表找到地级市图层，将"NAME"要素标注出来(参考实习一)，右键单击，在弹出的菜单栏选择【属性】单击，在【属性】对话框找到【标注】选项卡，为方便显示可以将标注字号调大一些。由于两个图层坐标系不同，所以不会重叠显示，可以找到想看的图层右键单击，在弹出的菜单栏中选择【缩放至图层】，如图 2.2-1～图 2.2-3 所示。

2. 打开地理配准工具条

扫描到的地图数据(图片文件)通常不包含空间参考系统，航片和卫片的位置精度往往也比较低，这就需要通过具有较高位置精度的控制点将这些数据匹配到用户指定的地理坐标系中，这个过程就是地理配准。即通过建立数学函数将栅格数据集(扫描后的图像、图片文件)中的各点的位置与标准参考系中的已知地理坐标点的位置相连接，从而确定图像中任意一点的地理坐标。

地理配准中控制点的选择要遵循以下原则：
(1)应选取图像上易分辨且较精细的特征点。
(2)特征变化大的区域应多选点。

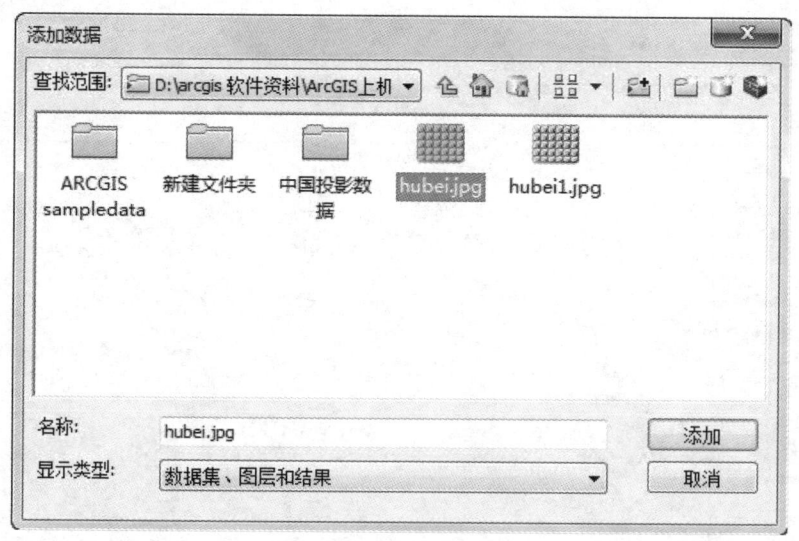

图 2.2-1　添加数据(1)

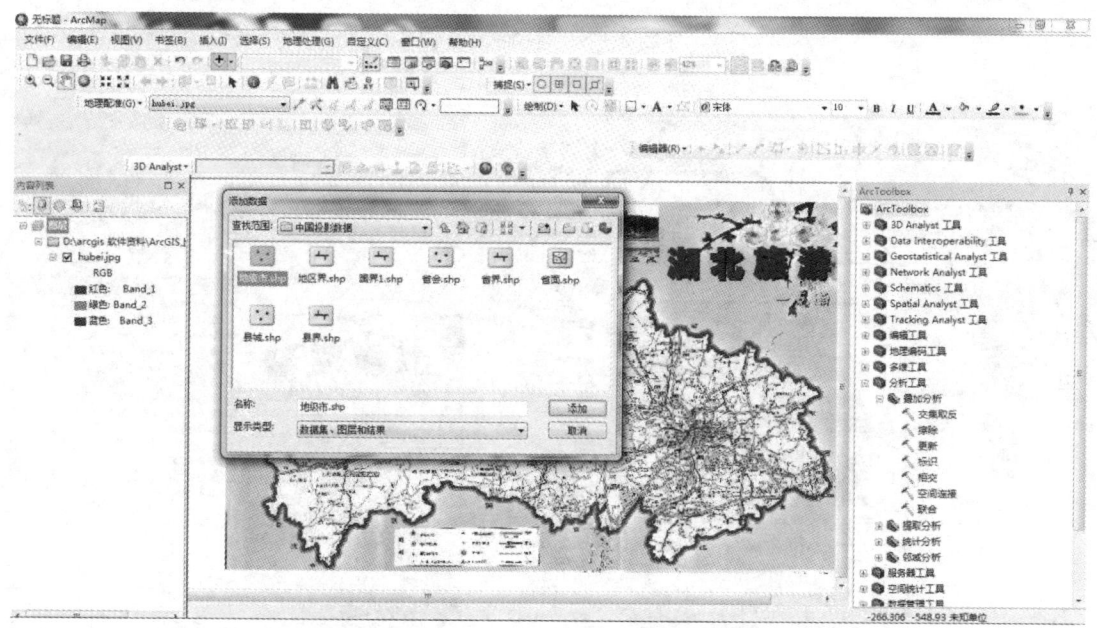

图 2.2-2　添加数据(2)

(3)图像边缘处要尽量选点。

(4)尽可能满幅、均匀地选点。

在主菜单中单击【自定义】→【工具条】→【地理配准】,加载【地理配准】工具条,如图 2.2-4 所示。

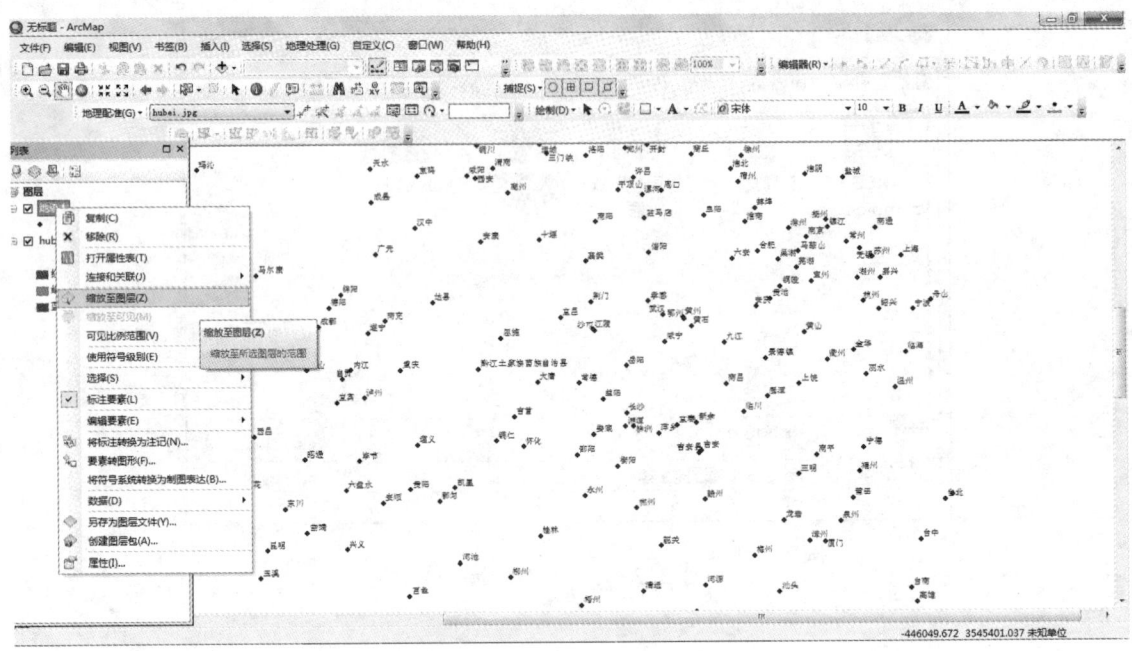

图 2.2-3 添加数据(3)

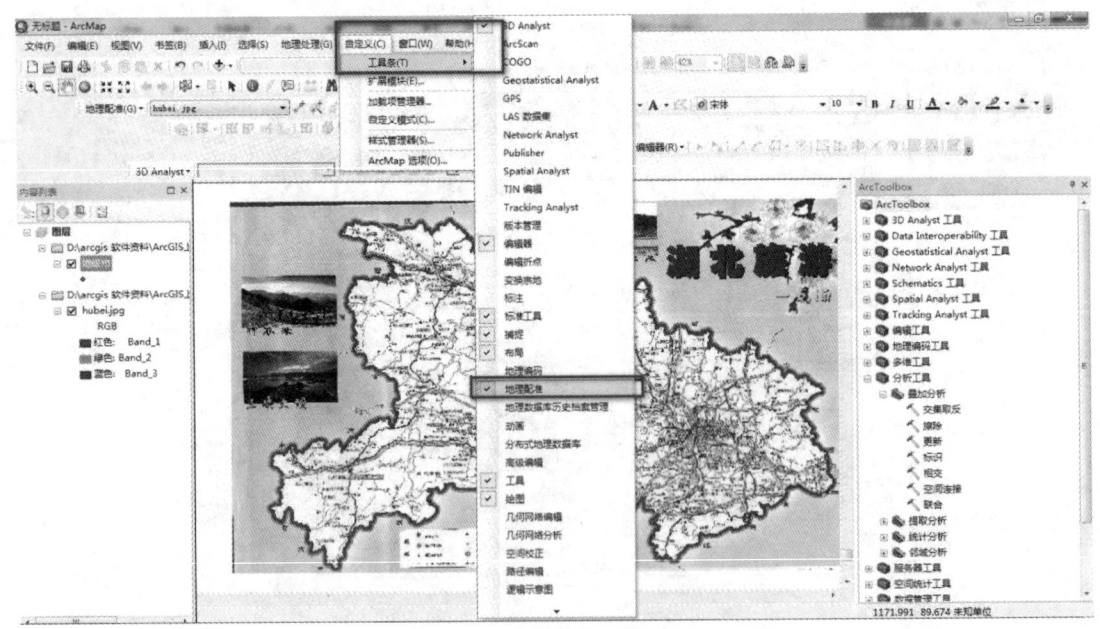

图 2.2-4 打开地理配准工具条

3. 添加控制点

找到地理配准工具条,点击【地理配准】,在下拉菜单中确认【自动校正】没有勾选,保证自动校正已禁用(图 2.2-5)。因为如果打开自动校正,在输入每一个控制点以后,系统自动计算匹配结果,图像文件会发生变化。有时图像会超出显示范围之外或者发生较

图 2.2-5 禁用地理校正

大角度的倾斜。如果关闭自动校正,则图像在输入控制点过程中不发生变化,所有控制点输入完成以后,更新地理配准即可。

在内容列表中找到"hubei.jpg",右键单击,找到【缩放至图层】,单击,全图显示图像文件,在【地理配准】工具条上,单击【地理配准】→【适应显示范围】,将在与目标相同的区域中显示栅格数据集。

单击【地理配准】工具条上的按钮,在"hubei.jpg"图层上选择相对应城市的点,单击鼠标左键(绿色十字线),再移动鼠标至"地级市"图层上的目标位置处单击鼠标左键(红色十字线),系统认为绿色十字线处为原始坐标,红色十字线为目标坐标,从而确定了一组对应关系,在此过程中需要灵活运用放大工具 和抓手工具 ,如图 2.2-6 所示。在此需要注意的是原始坐标和目标坐标保证各自在相同的图层上。

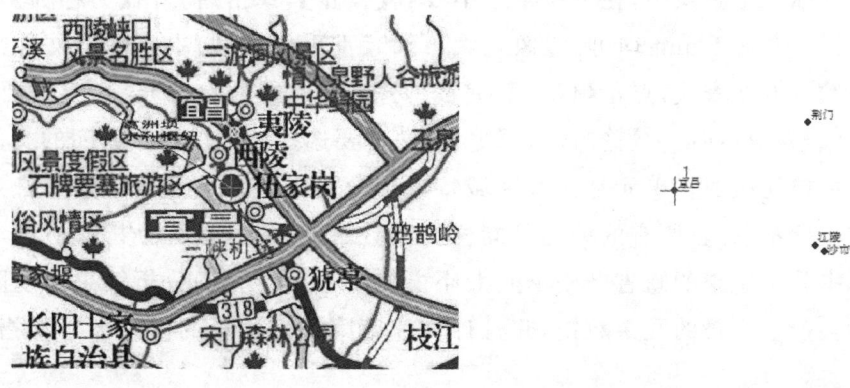

图 2.2-6 添加控制点

利用以上方法至少添加6个控制点,控制点越多,所得结果越精确,且选点应均匀地分布在地图上,以减少误差。

除此之外,还可以通过输入平面坐标的方法来精确定点。在地图上选点之后,然后右键弹出菜单,单击【输入X和Y】,输入坐标即可增加控制点,如图2.2-7所示。

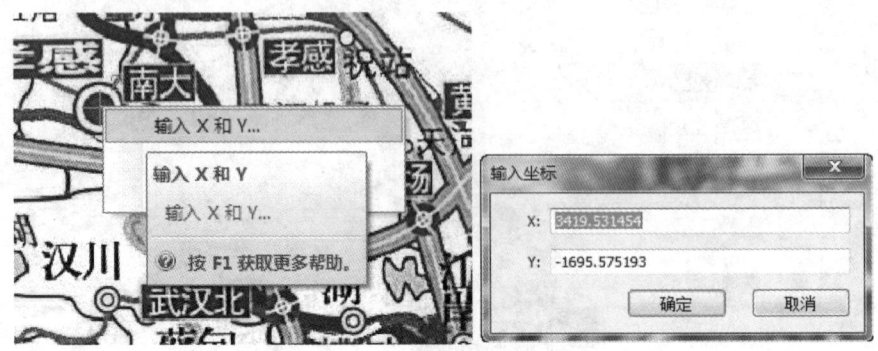

图2.2-7 精确增加控制点

4. 地理校正

增加完控制点之后,应对控制点的精度进行检查。在【地理配准】工具条上,点击 按钮,打开【链接】对话框,勾选左下角的【自动校正】,查看各点的残差与RMS误差(图2.2-8)。RMS总误差是评估变换精度的重要依据,其中误差较大的控制点应该删除并重新选点。(删除的方法为:选中要删除点的所在行,在键盘上点击Delete即可删除。)

残差是指起点所落的位置与指定的实际位置之间的差,总体差值是对所有控制点的残差求均方根,该值称为RMS总误差。

5. 地理配准

为了便于下次修改,减少工作量,需要保存已经添加的控制点。具体操作为:打开【链接】对话框中,点击【保存】,保存为"*.txt"格式文档,下次操作时直接点击【加载】即可。

然后在地理配准工具条中,在下拉菜单中找到【校正】,单击后弹出【另存为】对话框,【输出格式】选择tiff或者img均可。【像元大小】和【重采样类型】决定输出文件的精度。注意【输出位置】以方便查找,点击【保存】,完成地理配准(图2.2-9)。在此需要注意的是,当【输出格式】为灰色时,在【输出位置】中,文件夹要选择已添加到数据库的文件夹。

栅格数据由单元组成。单元是代表区域特定部分的方块。单元按行按列排列,组成了一个笛卡尔坐标系,并且所有的单元是同样大小。单元大小,也称分析解析度,指栅格数据空间分析中分析结果的缺省栅格单元大小。如果单元过大则分析结果精度降低,如果单元过小则会产生大量的冗余数据,并且计算速度降低。这里的像元大小即指输出结果的栅格大小。

一般情况下采集到的数据都是以离散点的形式存在,只有在这些采样点上才有较为

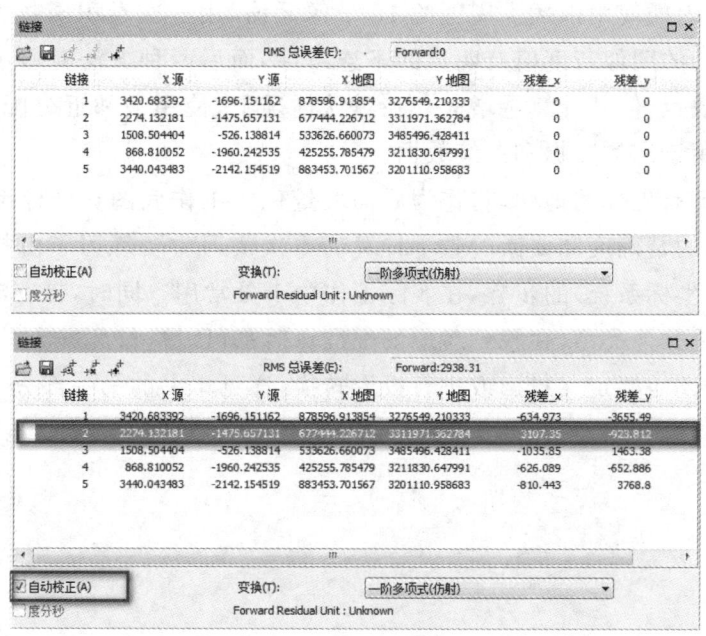

图 2.2-8 检查控制点精度

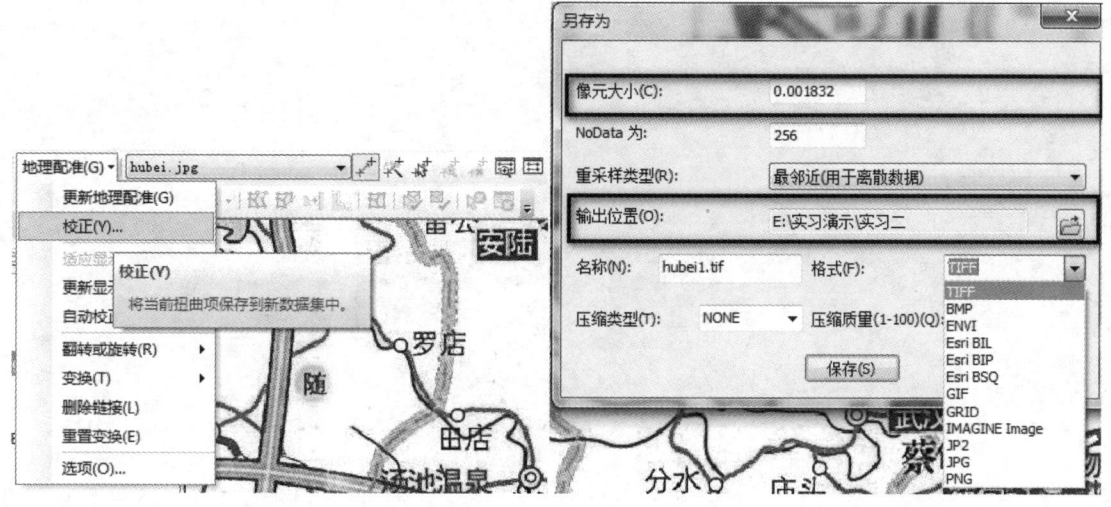

图 2.2-9 完成配准

准确的数值,而未采样点上都没有数值。然而,在实际应用中却有可能需要用到某些未采样点的值,这个时候就需要通过已采样点的数值来推算未采样点的值。这样的过程就叫作栅格数据的重采样。

重采样类型有三种:最邻近内插、双线性内插、双三次卷积内插。最邻近内插是将最邻近的像元值赋给新像元;双线性内插使用邻近四点的像元值,按照不同的权重进行线性内插；双三次卷积内插使用内插点周围的 16 个像元值，用三次卷积函数进行内插。对于最邻近内插法得到的图像灰度值有明显的不连续性，而后两种方法克服了最邻近内插法的灰度不连续的缺点，但其计算量增大。在默认情况下，使用最邻近分配重采样技术，这是因为它同时适用于离散数据和连续数据。

此时生成的带有坐标的地图，将作为后面矢量化的工作底图。坐标系是 GIS 的数学基础，影响到作图的精确度和要素的数学计算。本次实习主要练习了由扫描图（无坐标）加载已有坐标（源坐标系统）的步骤，在实际工作中十分常用。同时，带有源坐标的数据也可以是遥感影像或其他类型，在找到对应的配准点后都可以进行配准。

此外，工作中还需要定义投影或进行投影转换，详见本书的第一部分。

实习三　矢量化

（一）实习目的

(1)理解矢量数据与栅格数据的概念与特点。
(2)掌握栅格数据与矢量数据的转换方法。
(3)掌握点要素、线要素、面要素的矢量化方法及步骤。
(4)掌握属性数据库的建立方法,空间数据库与属性数据库的关联。

（二）实习要求

(1)数据准备:实习二的成果图,即带有坐标的湖北省扫描图件。
(2)湖北省底图(带有坐标)矢量化生成地级市(点要素)、省会城市(点要素)、地区界(线要素)、地区面(面要素)、省界(线要素)等图层。
(3)在完成地区界线要素图层后,将线要素转变为面要素,即生成17个地级市面。

（三）实习成果

相关矢量化图层结果及湖北省17个地级市面的生成。

（四）实习步骤

在矢量化开始前,应制定详细的分层方案。数据分层是当前GIS软件处理空间数据最基本的策略,数据分层一般遵循以下原则:
(1)不同类的要素分布在不同的图层,如河流、桥梁、公路、居民地等。
(2)不同几何形状的要素分布在不同的图层,如面状地物的行政区域与点状地物的水井、杆塔等在不同的图层。
(3)同种性质、不同类别的地物分布在不同图层,如同为交通线的铁路与公路;但同种类型、不同等级的地物宜放在同一图层,如不同等级的公路宜置于同一图层,应用中可以通过子类加以区分。
(4)不同时段的数据分布在不同的图层上。

1. 建立点要素

(1)打开 ArcCatalog。
ArcMap 中的要素包括点、线、面以及三维的点和线,而每一种要素都存放在图层中,因此,每创建一类要素,就要相应地新建一个图层。图层需要在 ArcCatalog 目录中创建,ArcCatalog 可以直接在 ArcMap 中打开,在【窗口】打开【目录】即可。

(2)新建点图层。

在 ArcCatalog 中找到存储的位置,在空白处单击右键,选择【新建】,在右侧下拉框中单击【Shapefile】。弹出【创建新 Shapefile】对话框,【名称】填为地级市,【要素类型】选择点,点击【编辑】,弹出【空间参考属性】对话框,选择【投影坐标系】→【Gauss Kruger】→【Beijing 1954】→【Beijing 1954 3 Degree GK CM 114E】,点击【确定】,这个步骤是给点图层定义坐标系,如图 2.3-1~图 2.3-3 所示。

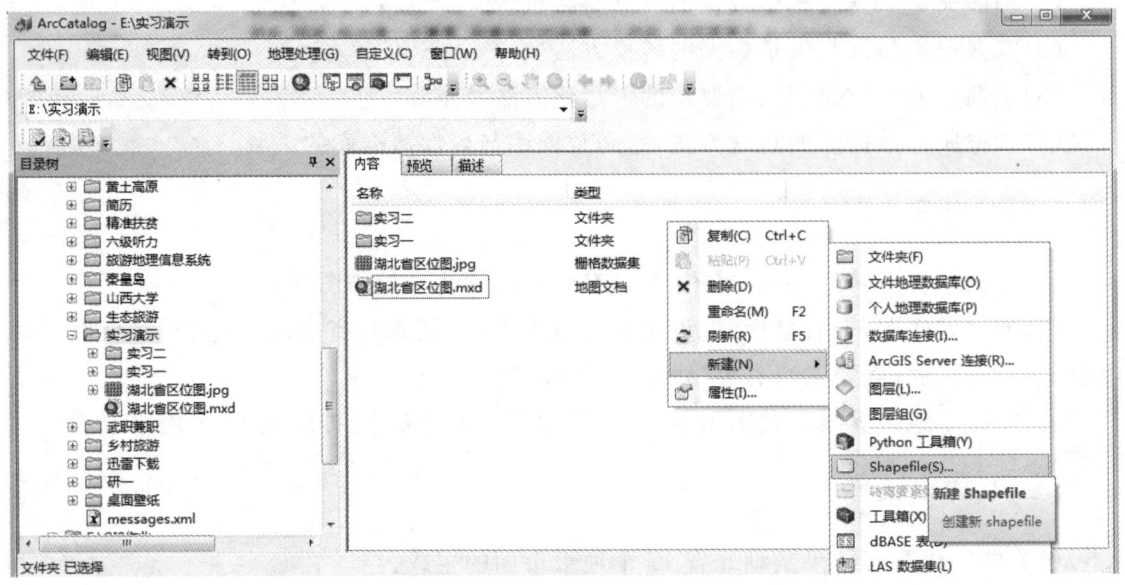

图 2.3-1 新建图层

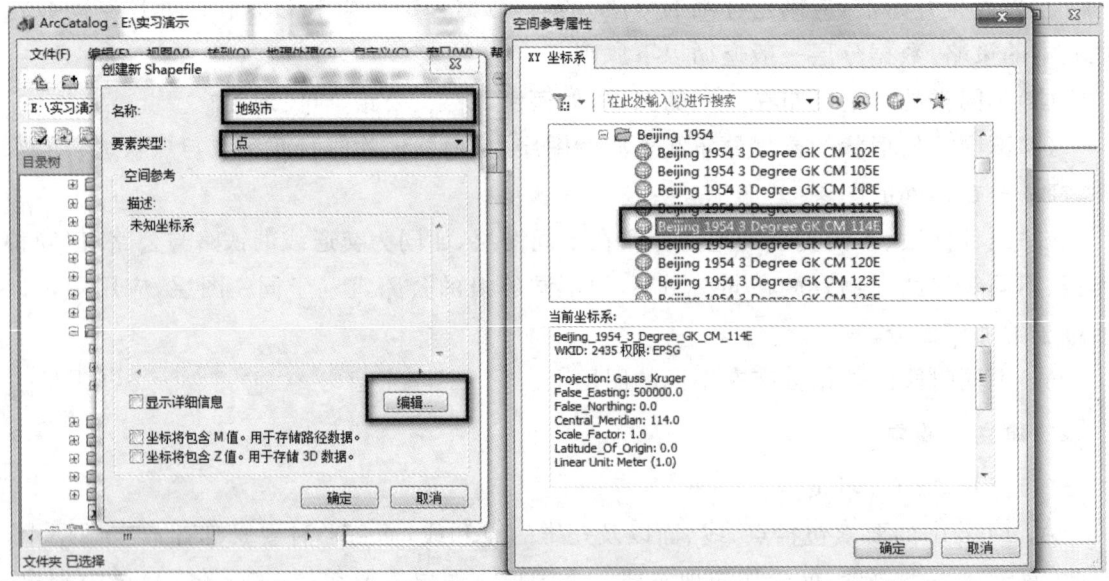

图 2.3-2 新建点图层(1)

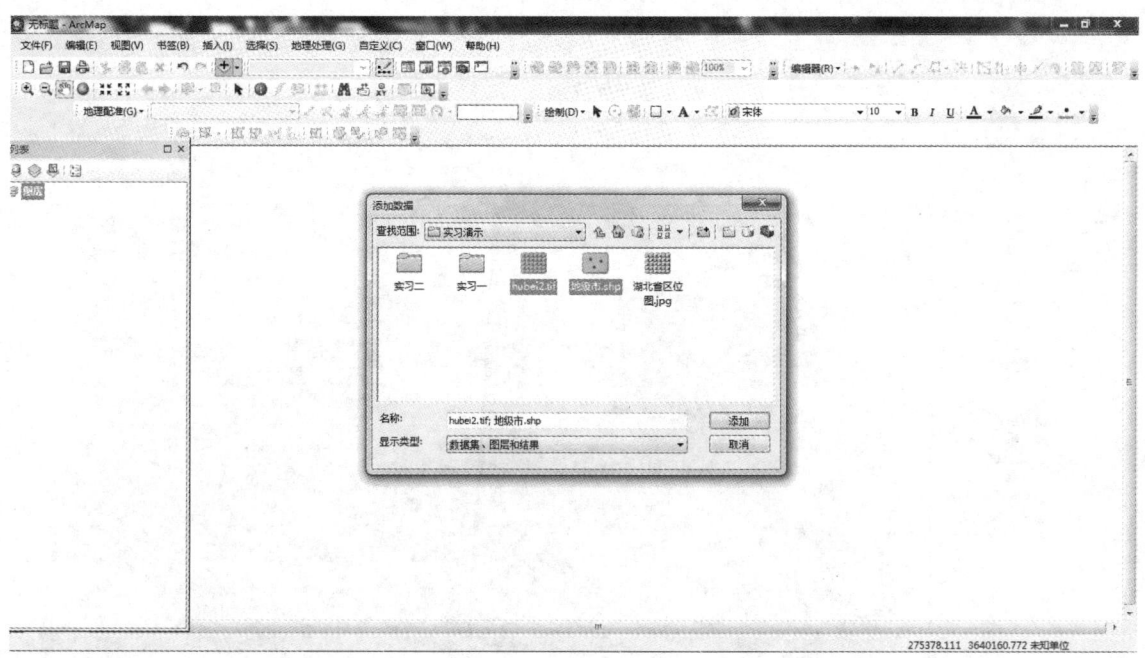

图 2.3-3　新建点图层(2)

(3)编辑点图层。

打开 ArcMap,新建空白图层,将定义好的点图层(地级市)和实习二校正过的地图都加载到 ArcMap 的目录列表中。

单击【主菜单】→【自定义】→【工具条】,找到【编辑器】并勾选,在【编辑器】中,单击【编辑器】→【开始编辑】,使数据处于编辑状态。启动编辑后,点击【编辑器】的 按钮,ArcGIS 将启动【创建要素】窗口,在【创建要素】对话框中双击地级市,出现【模板属性】对话框,点击【确定】,如图 2.3-4、图 2.3-5 所示。

在目录列表中右键点击"Huibei.tiff",选择【缩放至图层】,利用放大镜找到地级市的点,用鼠标点击,如图 2.3-6 所示。随后,将 17 个地级市的点均点上,完成后在【编辑器】中点击【结束编辑】→【保存】。

(4)给点要素命名。

选择地级市图层,右键单击,在弹出的菜单栏中选择【打开属性表】→【添加字段】→【确定】,字段名为 Name,类型为文本,长度为 10,接着找到编辑器,点击【开始编辑】,在相应位置分别键入 17 个地级市的名称,完成后点击【结束编辑】→【保存】。然后将"Name"要素标注出来(参考实习一)(图 2.3-7、图 2.3-8)。

注意:在为地级市添加名字属性数据时,可先添加字段,每创建一个点要素,便添加相应的名字属性。这样可以避免出现错误,并且省时省力。若点要素已经全部创建完成后,却没有添加属性数据,可在【表】中单击选中某要素,该要素则会高亮显示,便可知是哪个要素,可添加相应的属性数据。

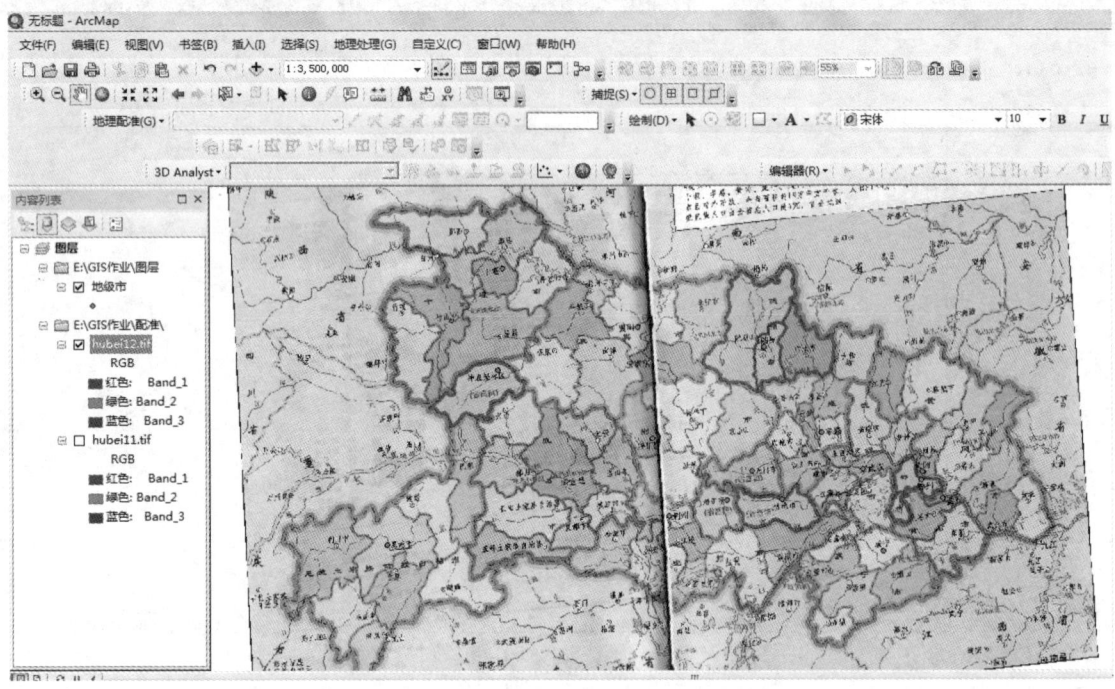

图 2.3-4 编辑点要素(1)

图 2.3-5 编辑点要素(2)

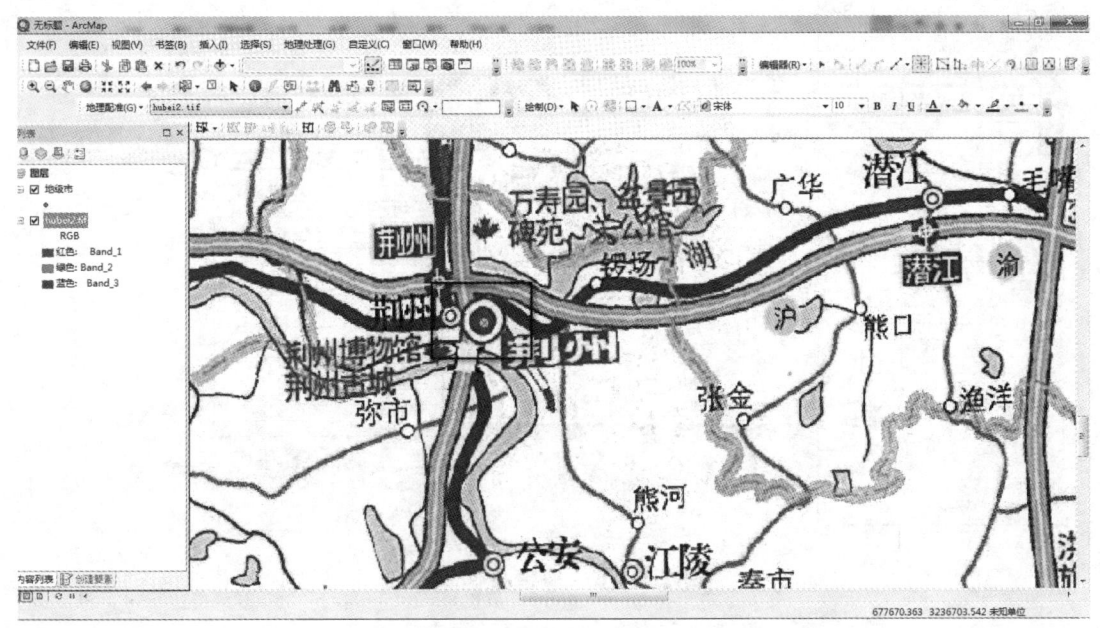

图 2.3-6 编辑点要素(3)

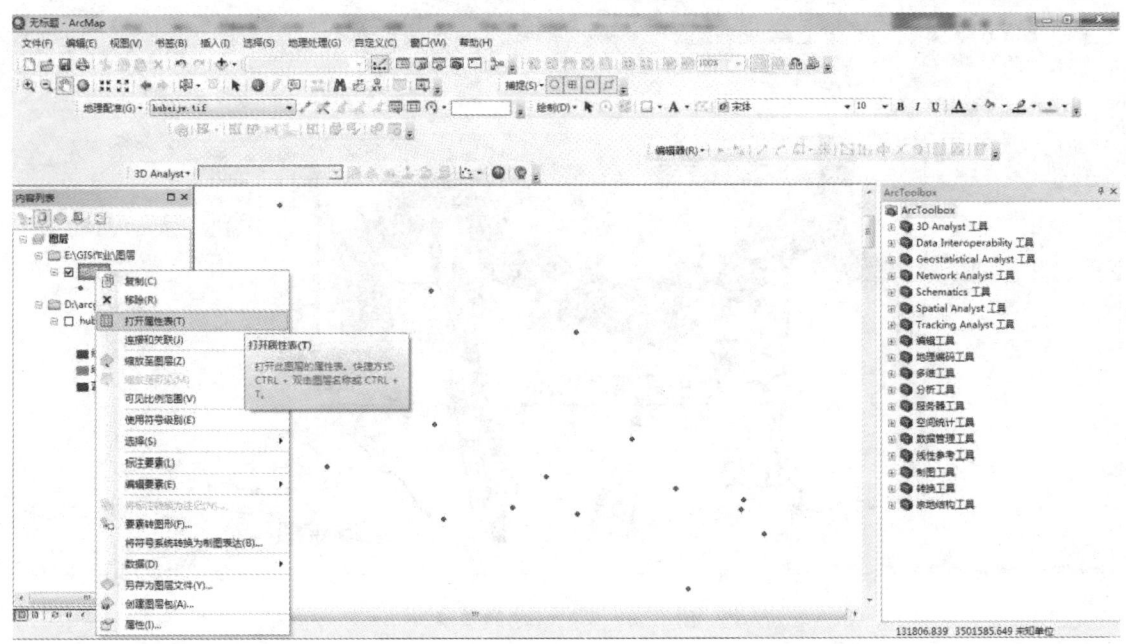

图 2.3-7 编辑属性表(1)

2. 建立线要素

同步骤 1 一样,在 ArcCatalog 中新建线图层(名称为省界),要素类型为折线,并定义同样的投影坐标系。之后,将其加载到目录列表中,打开编辑器(图 2.3-9)。

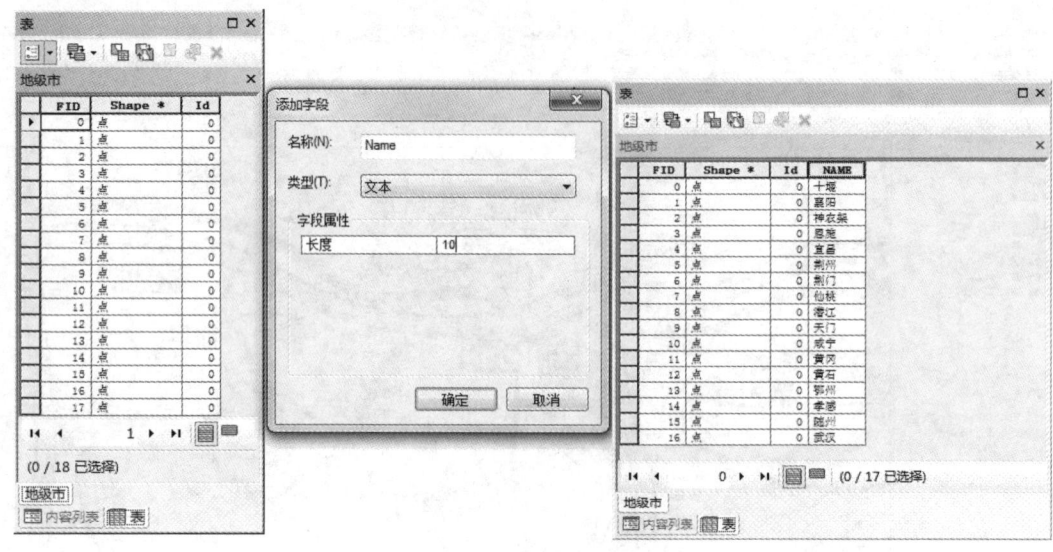

图 2.3-8 编辑属性表(2)

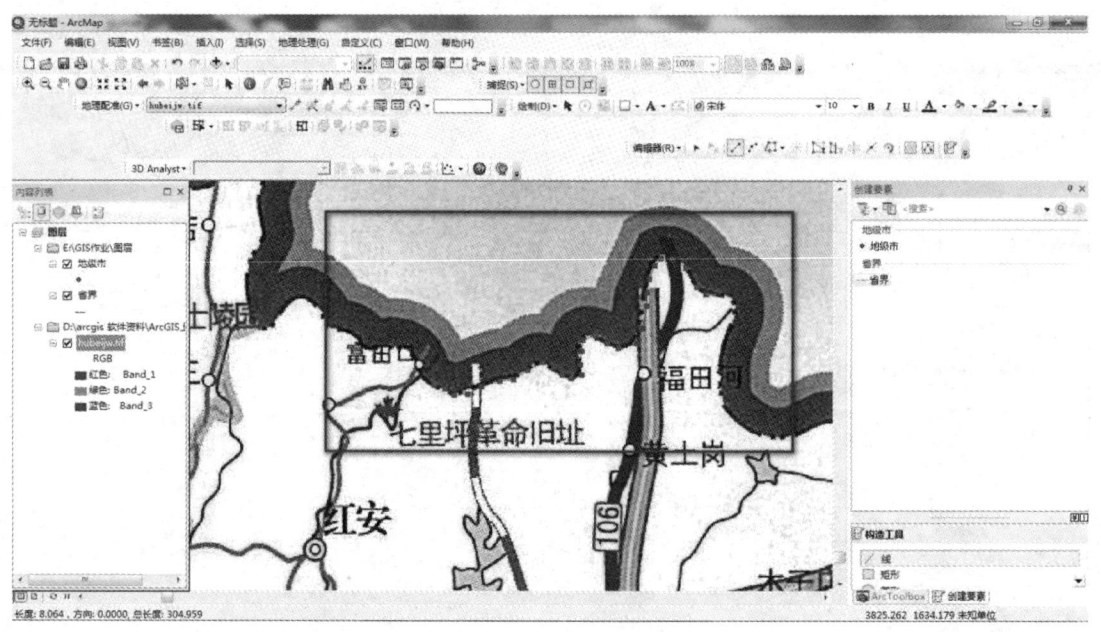

图 2.3-9 创建线要素

线要素的创建类似于"点动成线",通过描点来完成线要素的创建,每描完一条线,双击或按 F2 结束。点越密集,线要素与地理实体的拟合度越好,精度越高。以此方法来完成省界、市界的线要素创建。(线要素也可以编辑属性表,在此不作要求。)

注意:线要素矢量化的工作量很大,在"点点点"的过程中常会出现"断点"进而"断线"的情况,不利于后面的"线生成面",这时,可以单击【主菜单】→【自定义】→【工具条】,找到

【捕捉】工具并勾选【使用捕捉】,利用捕捉工具来捕捉节点,以保证线的连贯性。若出现断点情况,捕捉工具则会自动搜索到线的端点,端点显示为正方形的边框,可在此继续编辑线要素,可避免各条线要素不能连接的情况(图 2.3-10)。

"省界"线要素建立完成后,再建立"市界"线要素(同"省界"建立方法相同)。

完成所有的线要素编辑后的效果如图 2.3-11 所示。

3. 线要素转面

在步骤 2 中完成了省界和市界的矢量化,现在通过要素转

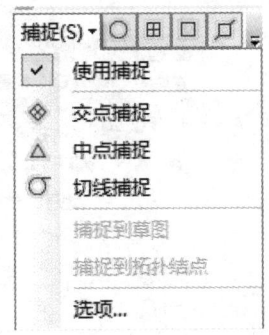

图 2.3-10 捕捉工具

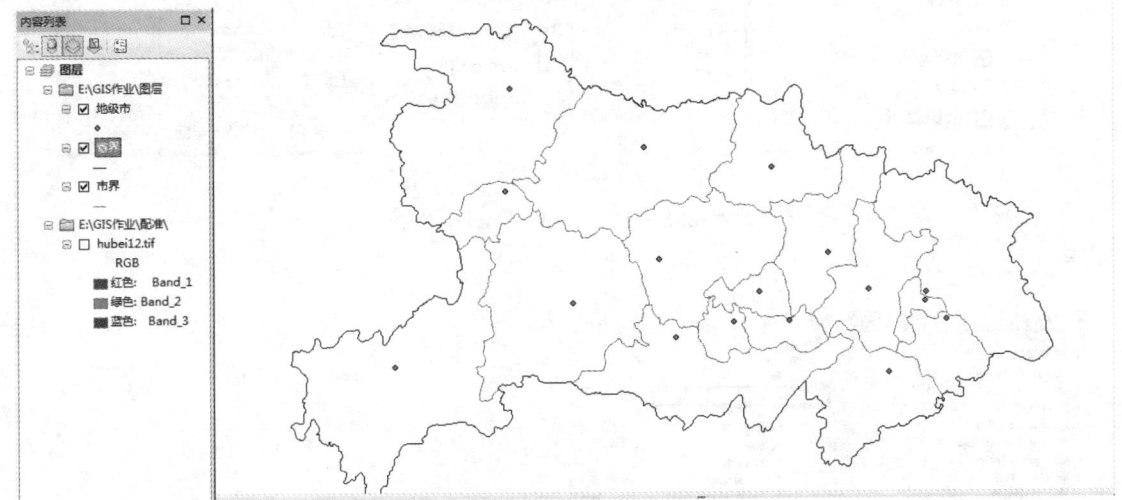

图 2.3-11 线要素效果图

面工具生成湖北省省面。在菜单栏找到【地理处理】,在下拉框中选择【ArcToolbox】,在【ArcToolbox】工具箱中找到【数据管理工具】→【要素】→【要素转面】,在【输入要素】中加载省界和市界图层,设置好【输出路径】,点击【确定】,转换完成后的面会自动加载到目录列表中,如图 2.3-12~图 2.3-14 所示。

注意:若面要素生成失败,则仔细检查线要素是否存在断线,或各个线要素之间是否完全连接,然后再删减或补充,检查完毕之后再次操作线要素转面。

4. 保存文件

菜单栏中单击【文件】→【保存】,弹出【另存为】对话框,填写【文件名】,点击【保存】,以备日后使用(图 2.3-15)。

注意:应与底图、工程文件及要素文件放在同一个文件夹,并且每次实习要放在统一路径下。

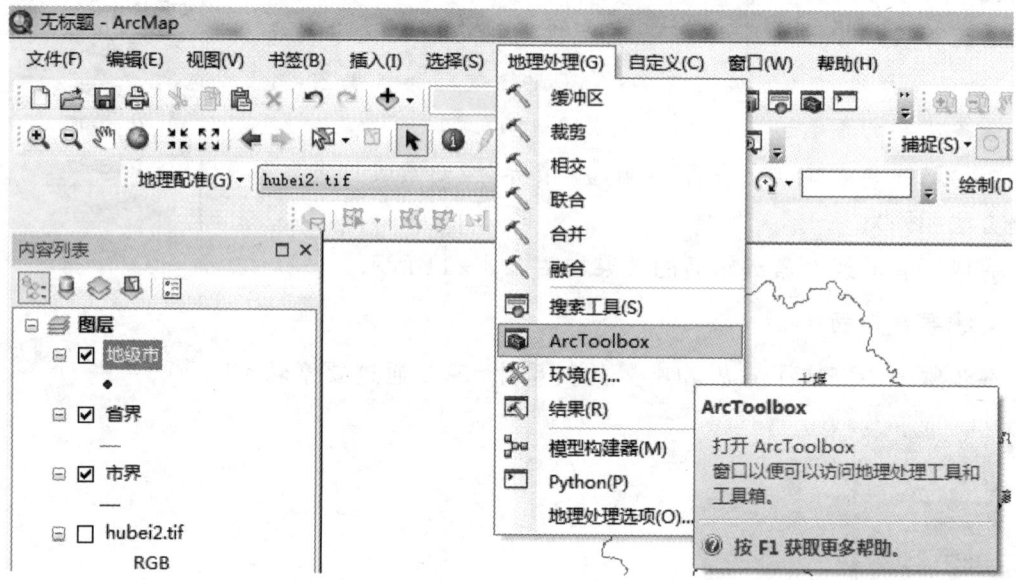

图 2.3-12　打开 ArcToolbox

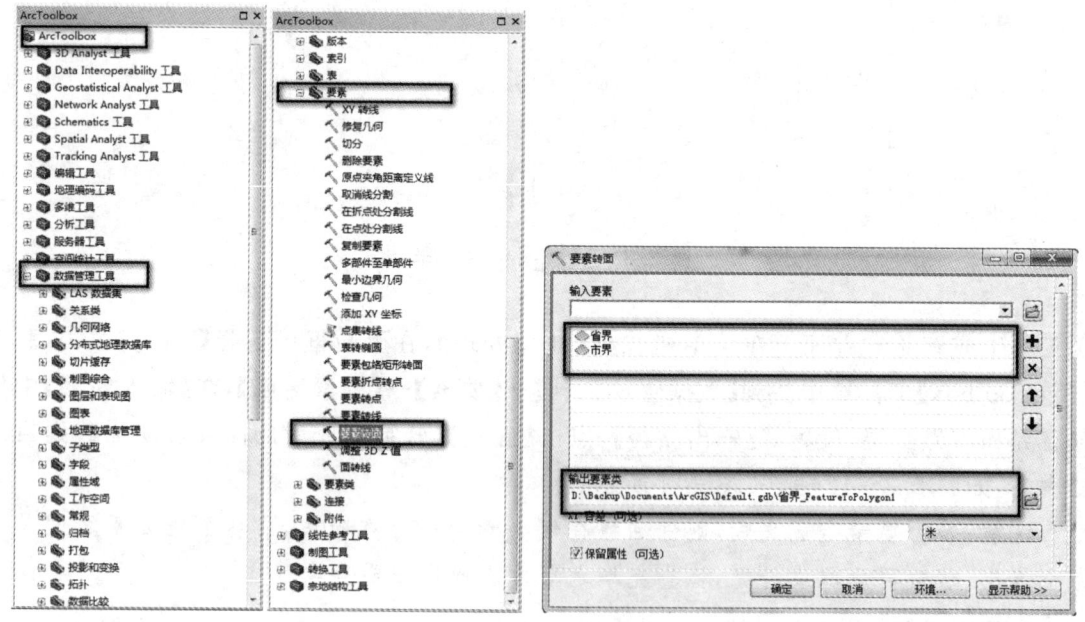

图 2.3-13　要素转面

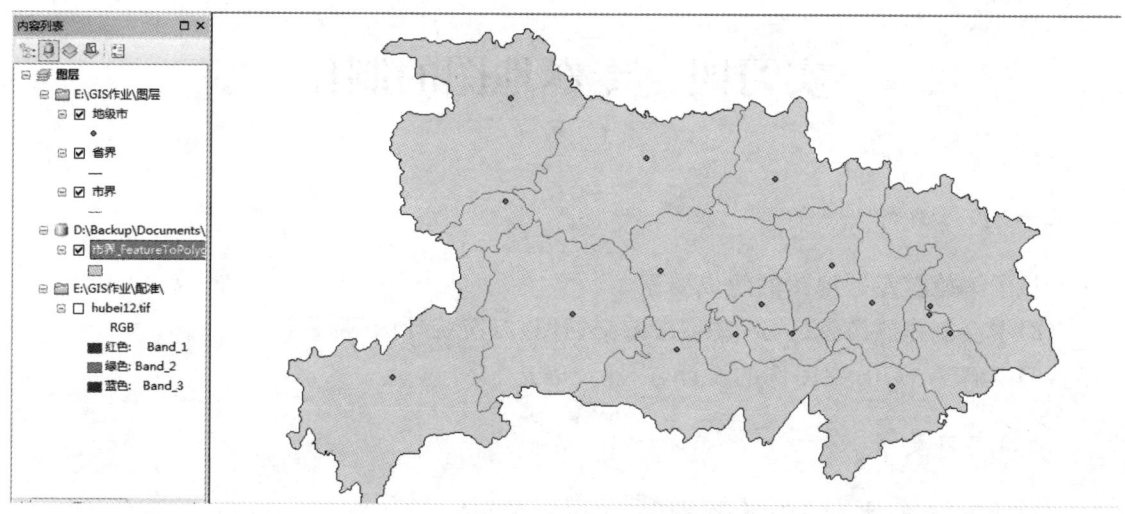

图 2.3-14　湖北省面

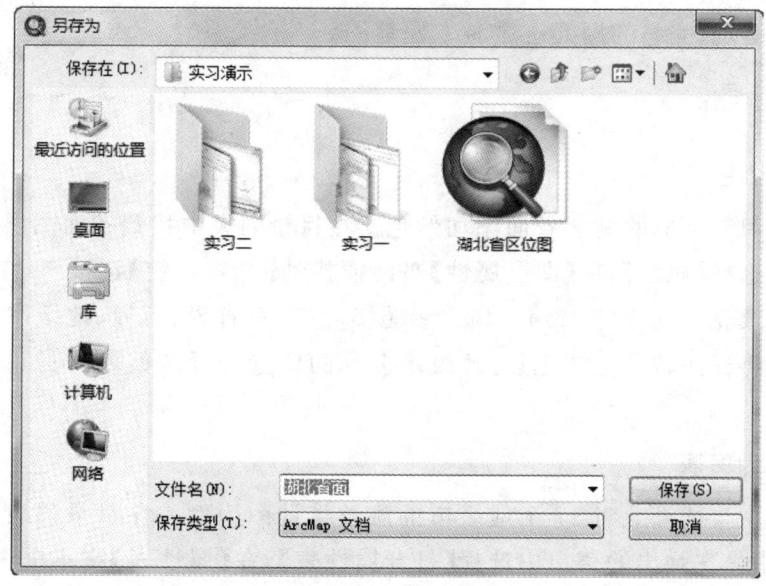

图 2.3-15　保存文件

实习四　专题地图的制作

（一）实习目的

(1)了解旅游专题地图的组成要素。
(2)学会制作旅游景区分布图、旅游交通图、旅游统计图等。
(3)了解 ArcGIS 中图例的设计、内涵及表达。

（二）实习要求

(1)数据准备:实习三矢量化图层。
(2)叠加点、线、面图层,添加比例尺、图例、指北针等地图信息,制作旅游专题地图。

（三）实习成果

制作一份美观、完整的湖北省旅游专题地图。

（四）实习步骤

1. 面图层添色

这里给实习三生成的湖北省面添加颜色。在目录列表中找到省面图层,右键单击,在弹出的菜单栏选择【属性】,在【图层属性】对话框找到【符号系统】选项卡,单击后找到【类别】,进行颜色填充和选择(图 2.4-1)。参照实习一,对省界、市界、地级市的图标进行更改,可以利用【将标注转换为注记】对地级市名称的位置进行调整,得到如图 2.4-2 所示的效果。

2. 添加统计图表

以在地图中生成湖北省 17 个地级市的旅游统计图为例。在目录列表中找到地级市图层,右键单击。在弹出的菜单中选择【打开属性表】,在【属性表】文本框中点击【添加字段】,分别添加"国内旅游收入"和"国内旅游人数"字段(类型选择双精度,精度填 18,小数位数填 2),完成后,找到编辑器,点击【开始编辑】,依次键入统计数据,【停止编辑】→【保存】(图 2.4-3)。

在目录列表找到地级市图层,右键单击,在弹出的菜单栏找到【属性】单击,弹出【图层属性】对话框,找到【符号系统】选项卡,单击【图表】,可以更改条形图的样式和颜色(图 2.4-4、图 2.4-5)。

3. 版面设计

参照实习一,切换到布局视图,对页面和打印设置进行更改,添加合适的图例、比例

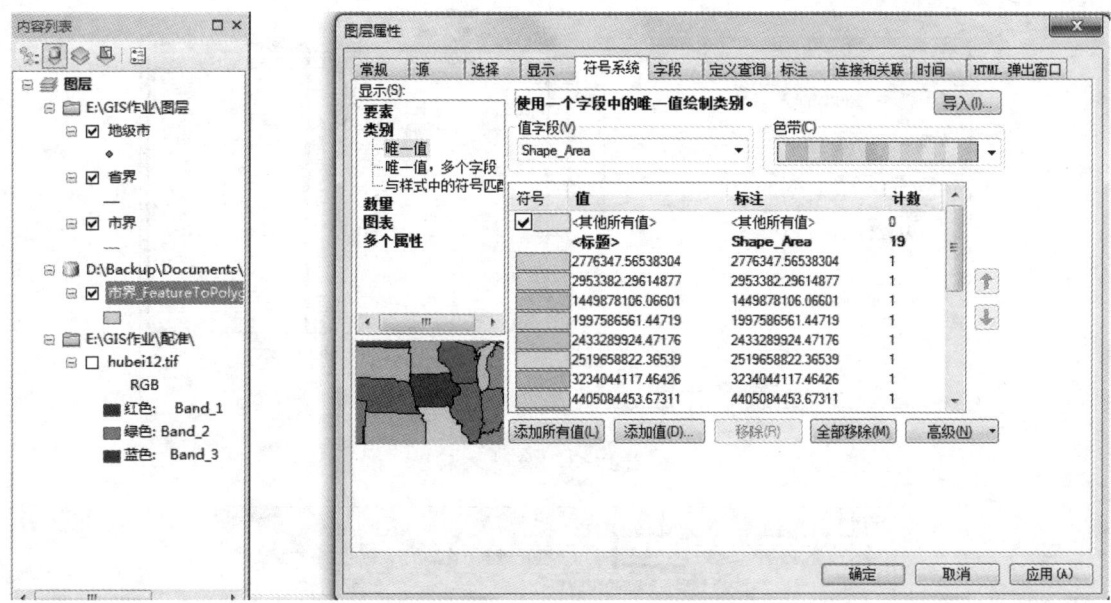

图 2.4-1 添加颜色

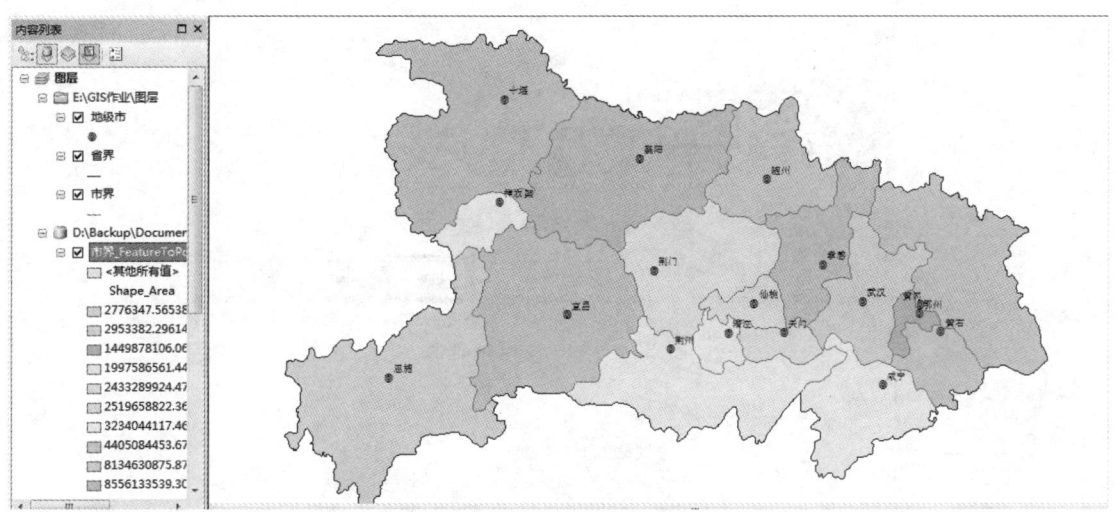

图 2.4-2 优化效果图

尺、标题等(图 2.4-6、图 2.4-7)。

提示：图框的添加利用绘图工具完成。(菜单栏找到【自定义】→【工具条】,勾选【绘图】工具。)

4. 导出地图

注意格式和分辨率的选择,如选择 jpg 格式,分辨率为 500dpi(图 2.4-8)。

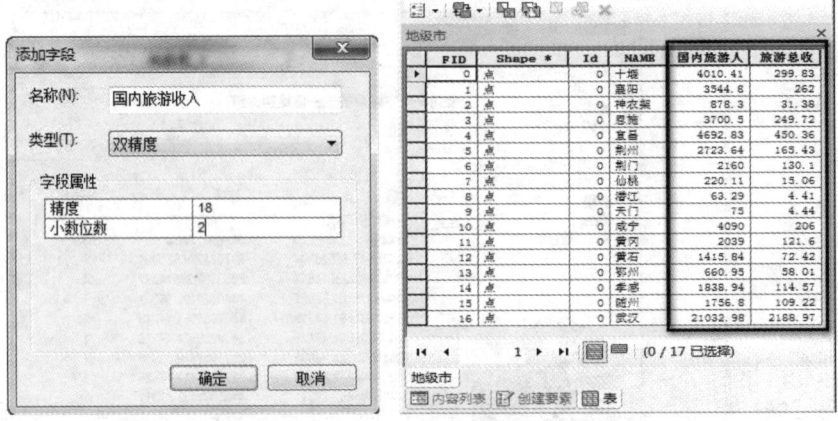

图 2.4-3 属性编辑

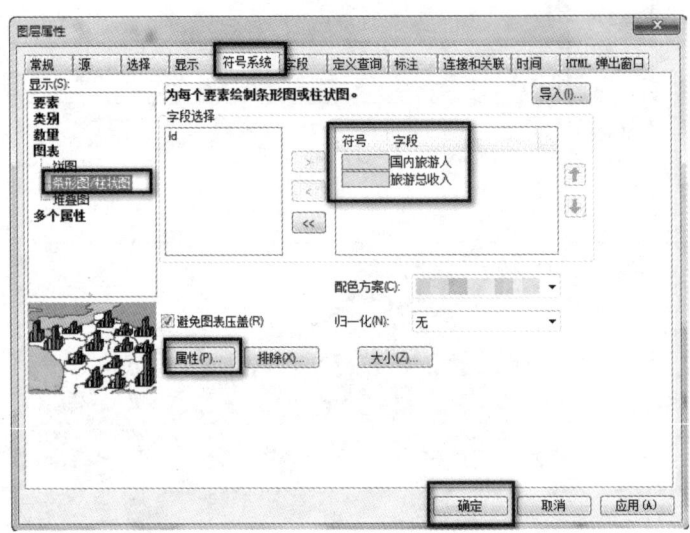

图 2.4-4 添加统计图

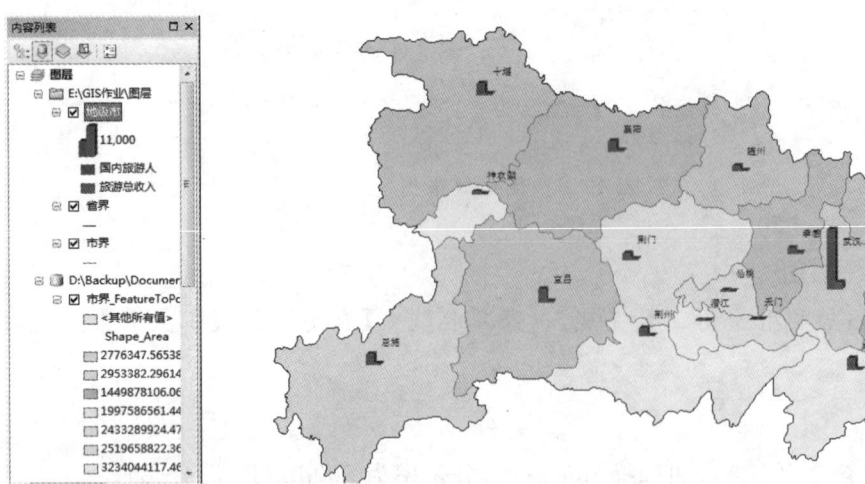

图 2.4-5 旅游统计图效果

图 2.4-6 绘图工具栏

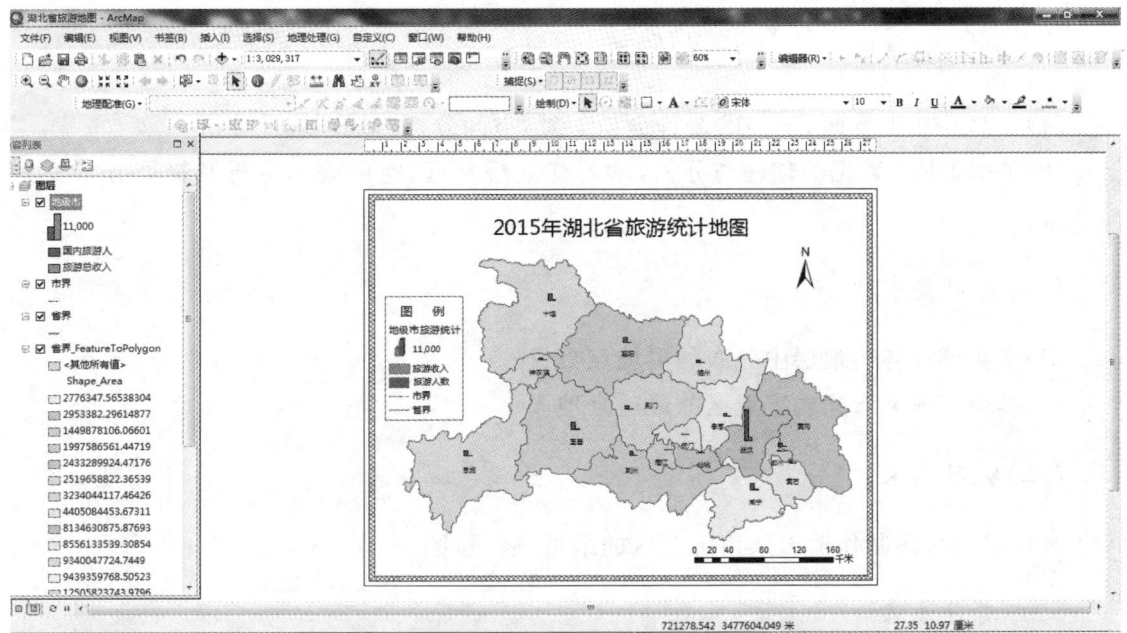

图 2.4-7 美化效果图

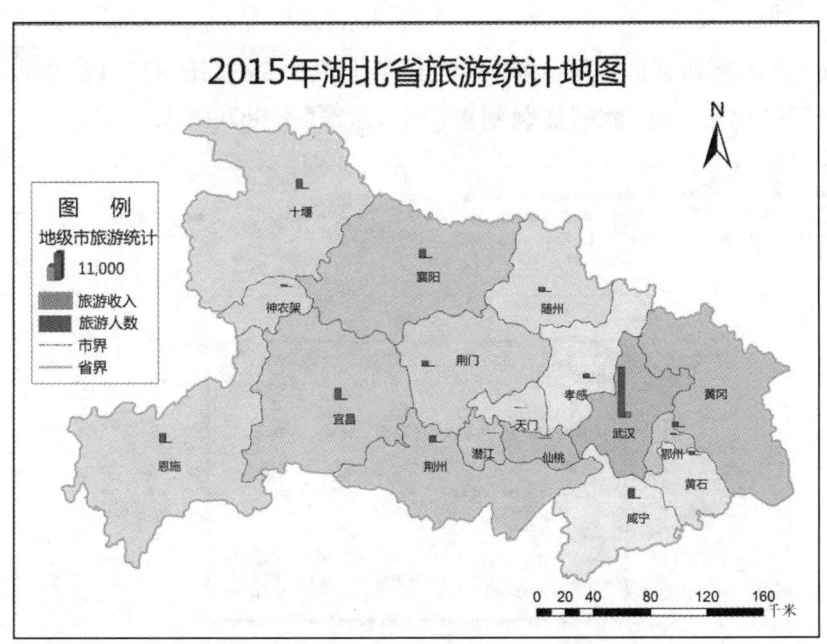

图 2.4-8 湖北省旅游统计图

实习五 统计分析和空间分析

(一) 实习目的

(1) 了解并初步掌握 ArcGIS 统计分析工具:空间分析与地理统计分析。
(2) 了解 DEM 数据的创建与分析,学习建立缓冲区,空间叠加分析及提取分析要素与结果。

(二) 实习要求

(1) 学会统计各个地层中分布的滑坡点数目。
(2) 学会寻找某市建立工业区的最适宜地段。

(三) 实习成果

参照实习步骤制作输出某市工业区的最适宜区位图。

(四) 实习步骤

1. 统计各个地层中分布的滑坡点数目

(1) 加载数据。

启动 ArcMap,新建新的地图文档,在工具条上单击 ✚ 按钮,打开【添加数据】对话框,将"滑坡.shp"和"地层.shp"数据加载到地图上,点击【确定】(图 2.5-1)。

图 2.5-1 加载数据

(2)空间属性连接。

在目录列表中找到"地层",右键单击,在弹出的菜单栏中找到【连接和关联】→【连接】,单击,打开【连接数据】对话框,在【要将哪些内容连接到该图层】下拉框中选择【基于空间位置的另一图层的数据】,【连接图层】选择"滑坡.shp",选择好存储位置,名称改为"地层统计",点击【确定】,生成的地层统计文件将自动加载到目录列表中,在目录列表中找到地层,右键单击,打开该文件的属性表,可以发现该表中增加了一个"Count_"字段,表示落在该区内的滑坡点数(图 2.5-2～图 2.5-5)。

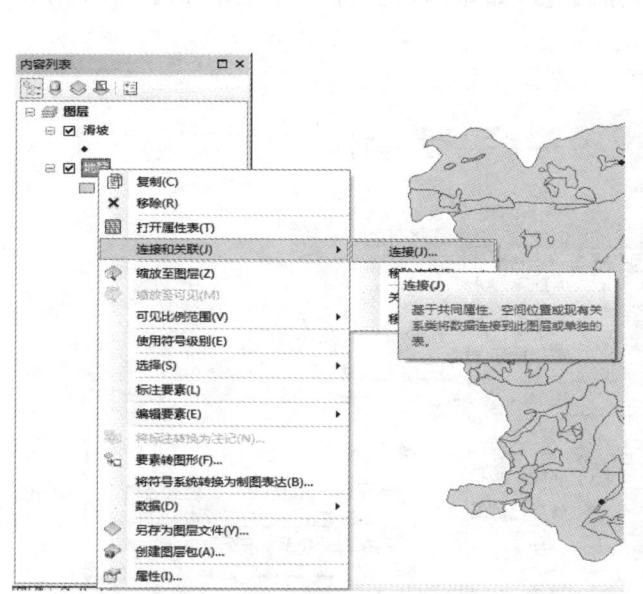

图 2.5-2 打开空间属性连接　　　　图 2.5-3 连接数据

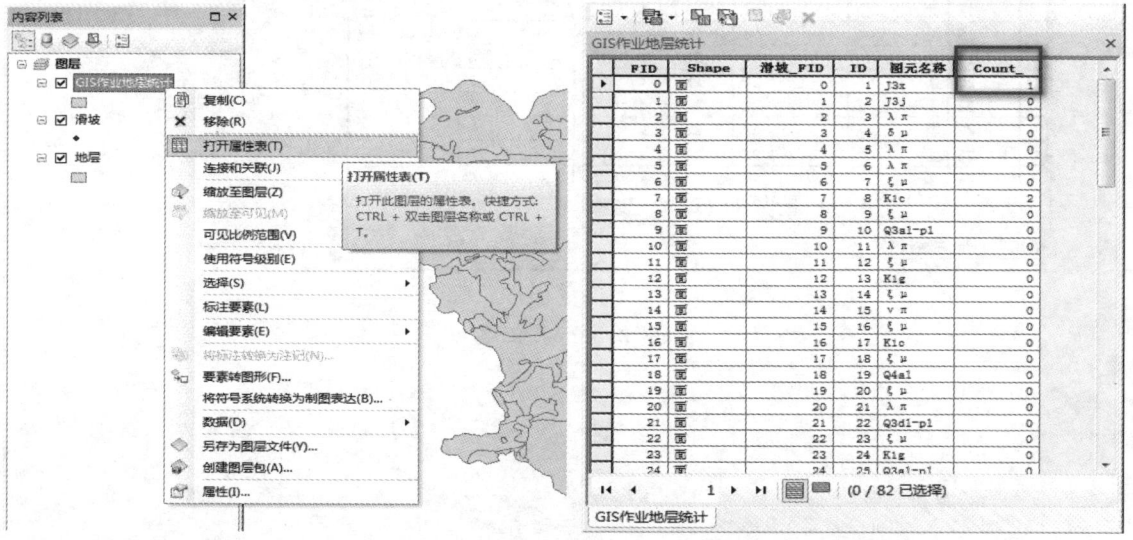

图 2.5-4 打开属性表　　　　图 2.5-5 新建 Count_字段

(3)统计。

在属性表中找到【图元名称】字段,右键单击,在弹出的对话框中选择【汇总】,打开【汇总】对话框,【汇总字段】选择【图元名称】,在【Count】中找到【总和】并勾选,【指定输出表】中选择输出位置,名称为"Sum_Output.dbf",点击【确定】,运算过程中会提示结果要不要加入地图中,选择【确定】,生成的表格会自动加载到目录列表中,想要查看表格的话,右键单击,在弹出的菜单栏中选择【打开】,出现【表】对话框,可以看到各个地层中的灾害点数出现在"Sum_count_1"字段中(图 2.5-6~图 2.5-9)。

此外,还按上述方法统计其他灾害点的数量,如塌陷、泥石流、崩塌等,而且可以用其他软件把结果生成直方图。

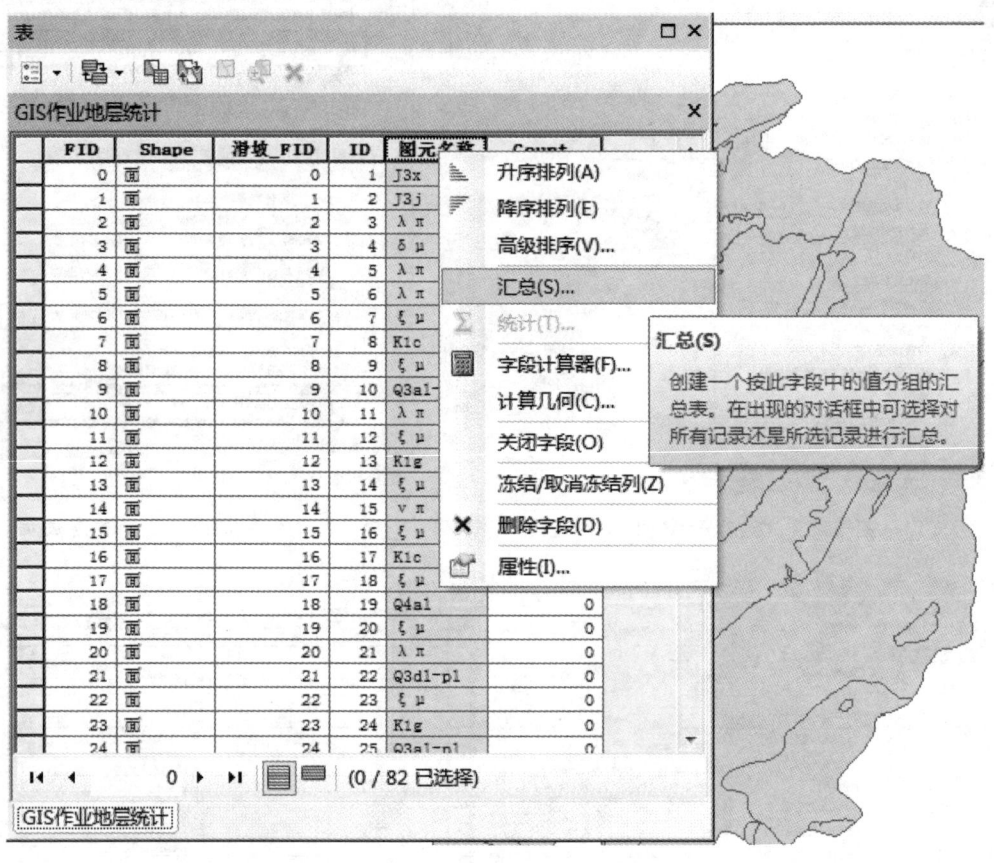

图 2.5-6　汇总

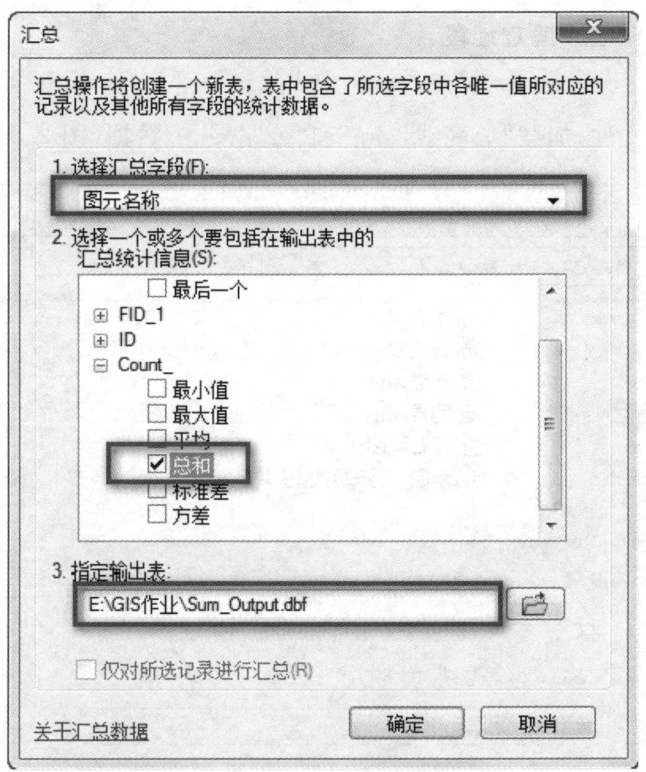

图 2.5-7 汇总对话框

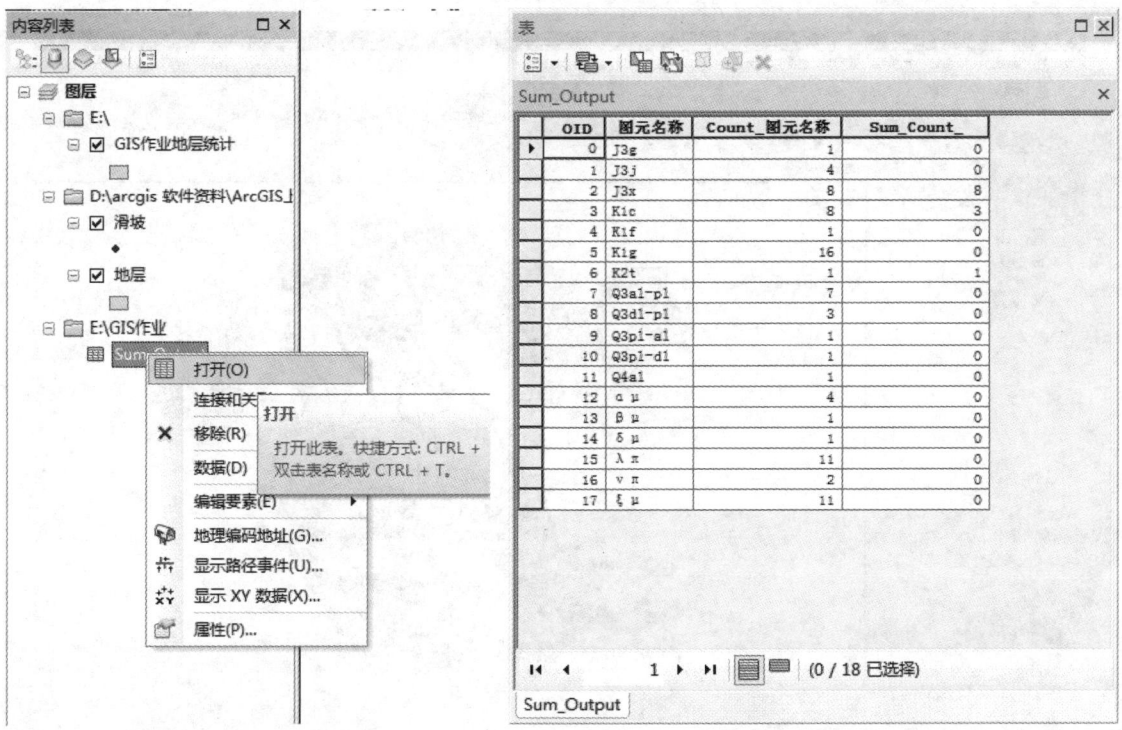

图 2.5-8 打开表　　　　　　　　　　　　图 2.5-9 表对话框

2. 寻找某市工业区最适宜地段

(1)添加数据。

新建 ArcMap 文件,加载"等高线.shp"和"公路.shp"数据(图 2.5-10、图 2.5-11)。

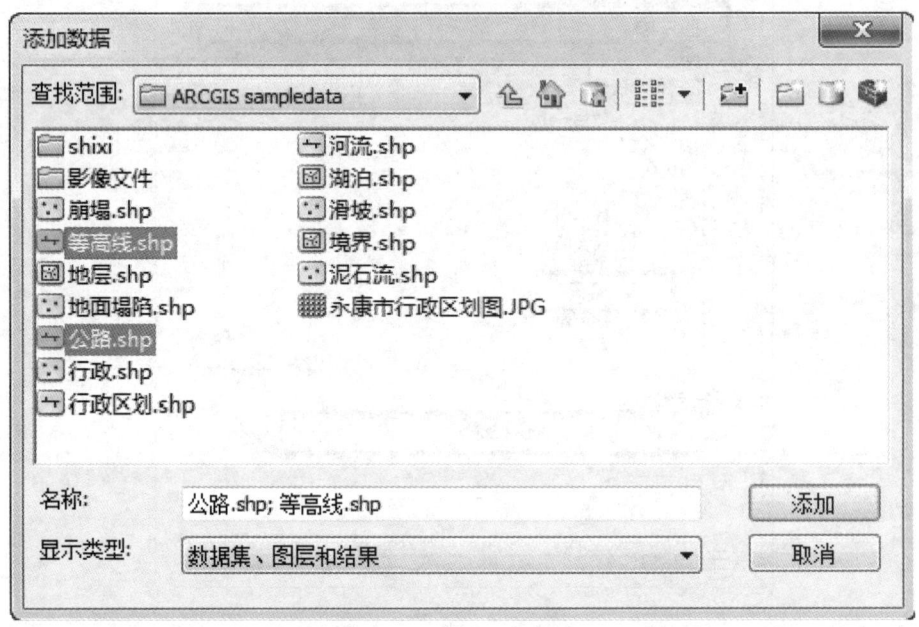

图 2.5-10 添加数据

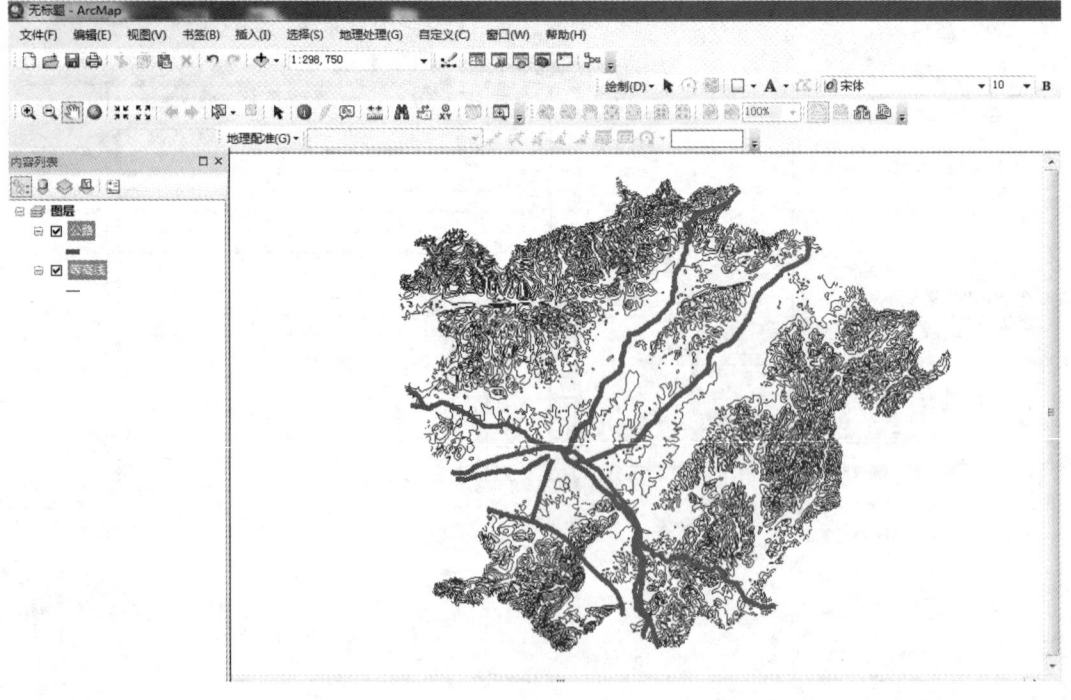

图 2.5-11 添加数据效果

(2)建立 TIN。

打开 ArcToolbox，在下拉菜单中依次点击【3D Analyst 工具】→【数据管理】→【TIN】→【创建 TIN】，弹出创建 TIN 的对话框，选择输出文件位置，名字为 tin，输入要素为等高线，点击【确定】，生成的 TIN 文件会自动加载到主窗口（图 2.5-12～图 2.5-14）。

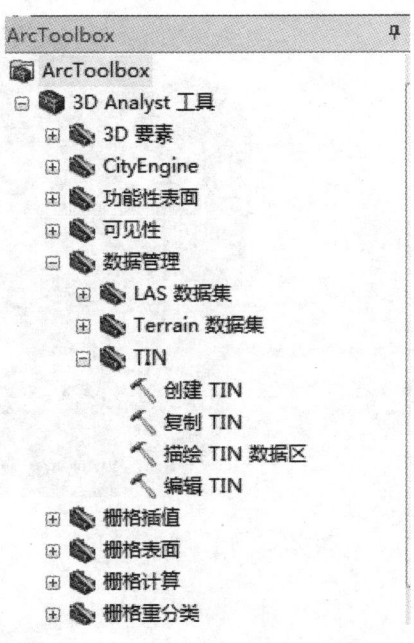

图 2.5-12　找到 TIN 工具

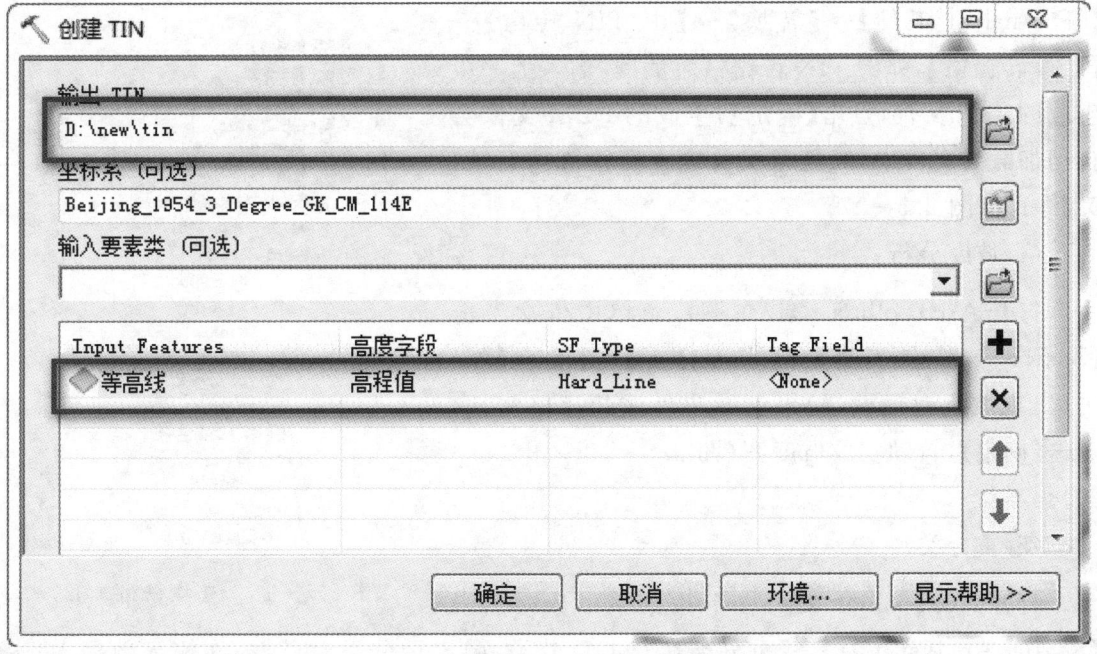

图 2.5-13　创建 TIN

图 2.5-14 生成 TIN

(3)生成 DEM。

打开 ArcToolbox，在下拉菜单中依次点击【3D Analyst 工具】→【转换】→【由 TIN 转出】→【TIN 转栅格】，弹出 TIN 转栅格对话框，输入上一步生成的 TIN 文件，点击【确定】，生成的 DEM 文件会自动加载到文件中，颜色越深的地方高程值越高（图 2.5-15～图 2.5-17）。

(4)坡度分析。

打开 ArcToolbox，在下拉菜单中依次点击【Spatial Analyst 工具】→【表面分析】→【坡度】，双击，出现坡度对话框，输入上一步生成的栅格文件，点击【确定】，自动生成坡度图（图 2.5-18～图 2.5-20）。

(5)重分类。

打开 ArcToolbox，在下拉菜单中依次点击【Spatial Analyst 工具】→【重分类】，双击重分类，弹出重分类对话框，在输入数据中选择上一步生成的坡度图，点击分类，将坡度分为两级并赋值，5°以下为 1，其余为 0，点击【确

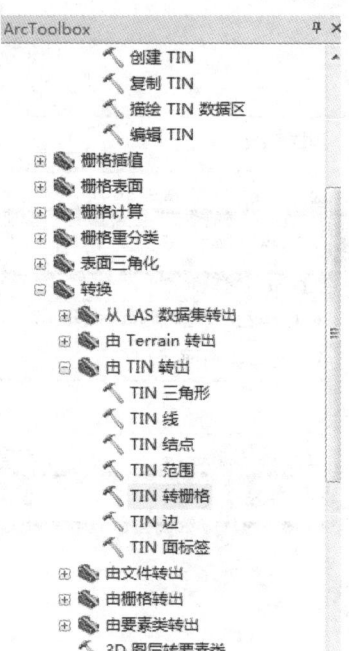

图 2.5-15 查找栅格工具

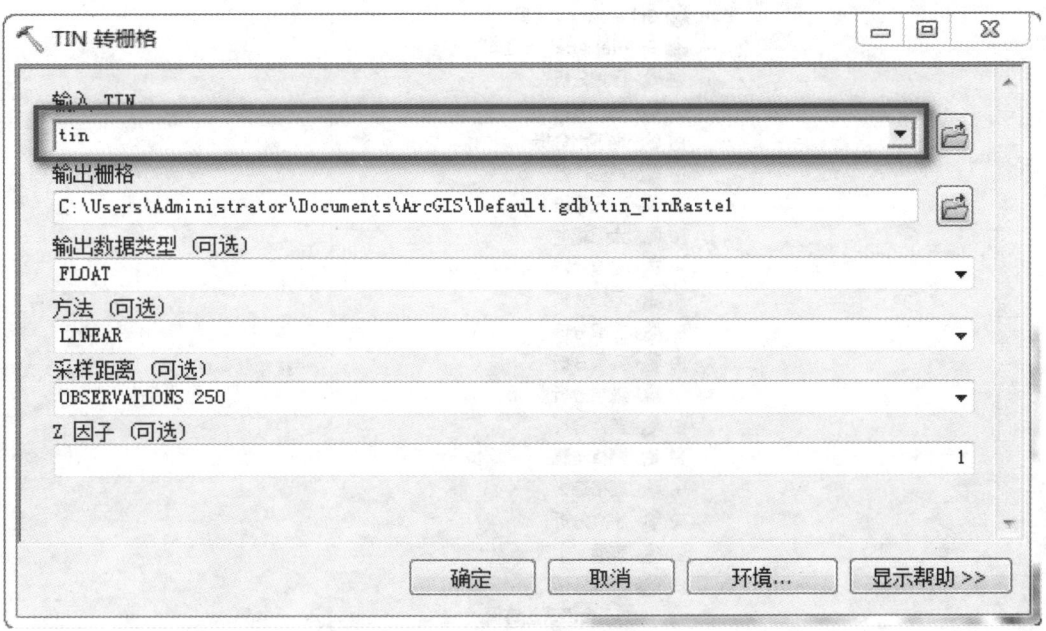

图 2.5-16 TIN 转栅格

图 2.5-17 生成栅格

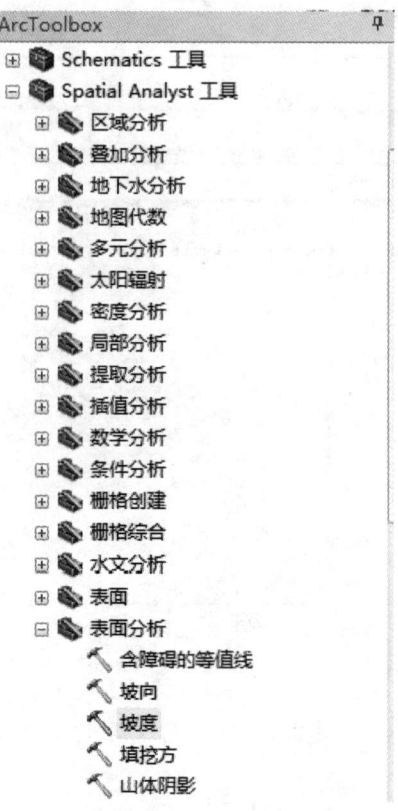

图 2.5-18 找到坡度

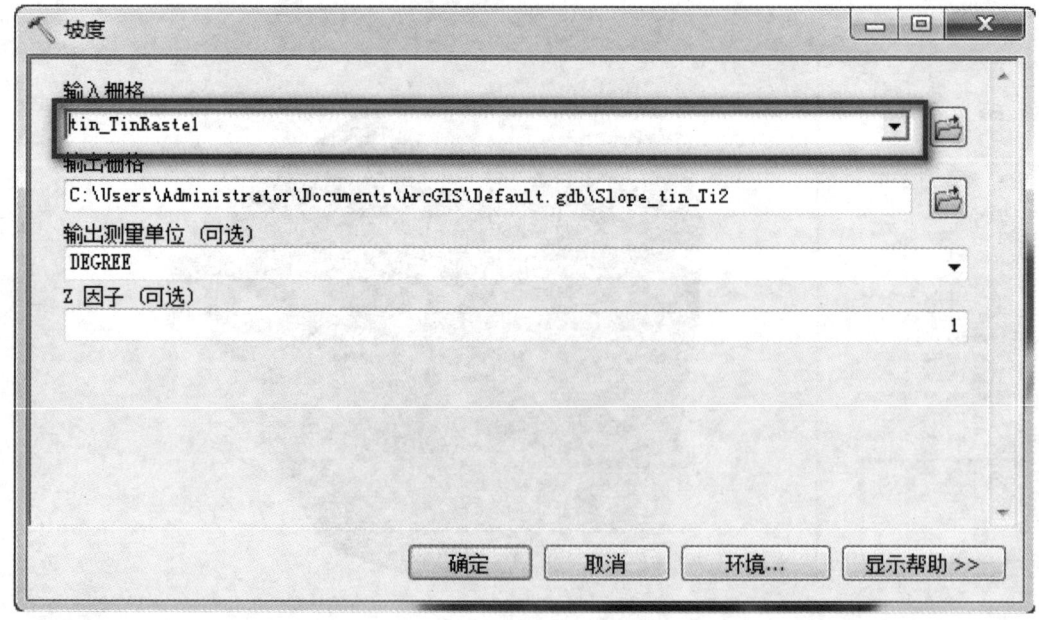

图 2.5-19 坡度分析

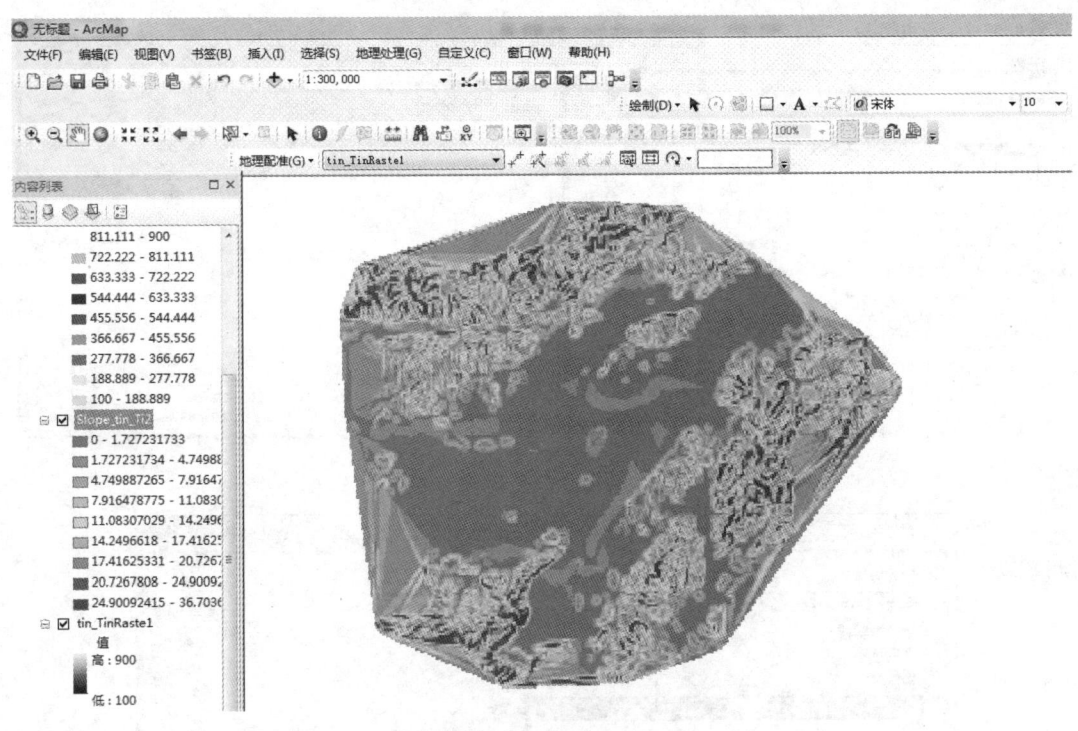

图 2.5-20 生成坡度图

定】,重新分类的坡度图会自动加载到文档中,图中深色即为坡度小于 5°的地段(图 2.5-21~图 2.5-24)。

(6)建立缓冲区。

点击【地理处理】,在下拉菜单中选择【缓冲区】,弹出缓冲区对话框,在输入要素中选择公路,线性单位填 2,单位为千米,融合类型选择 ALL,点击【确定】,以公路为核心,2 千米为距离的缓冲区自动生成加载到文件中(图 2.5-25~图 2.5-27)。

缓冲区是围绕地理要素一定宽度的区域,这个宽度称为缓冲距离,缓冲区分析主要基于点、线、面要素进行。以下为点、线及面要素的侧类型和末端类型的说明。

点:侧类型和末端类型不可选。

线:侧类型包括① LEFT,线要素的左侧;②RIGHT,线要素的右侧;③FULL,线要素的两侧。末端类型包括①ROUND,端点处为半圆;②FLAT,端点处为矩形。

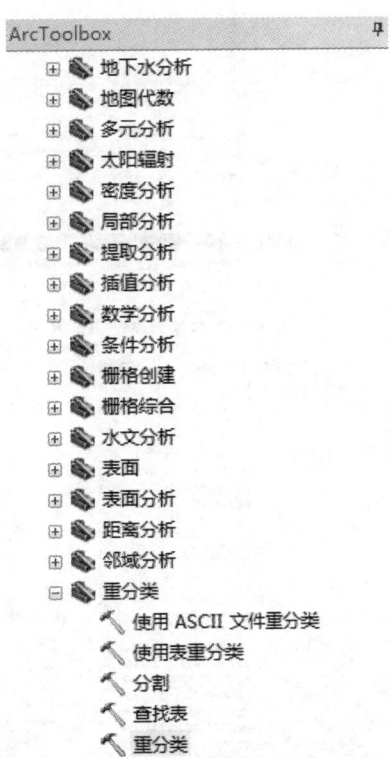

图 2.5-21 找到重分类

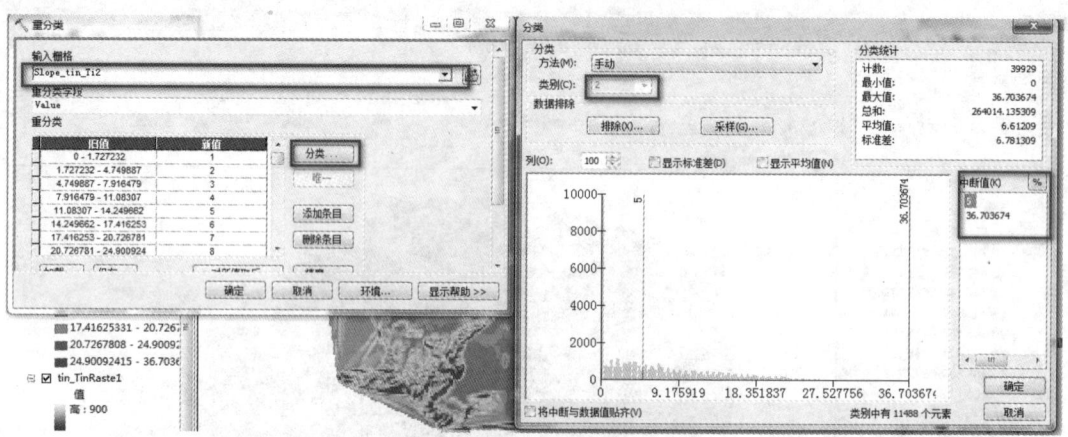

图 2.5-22 坡度重分类

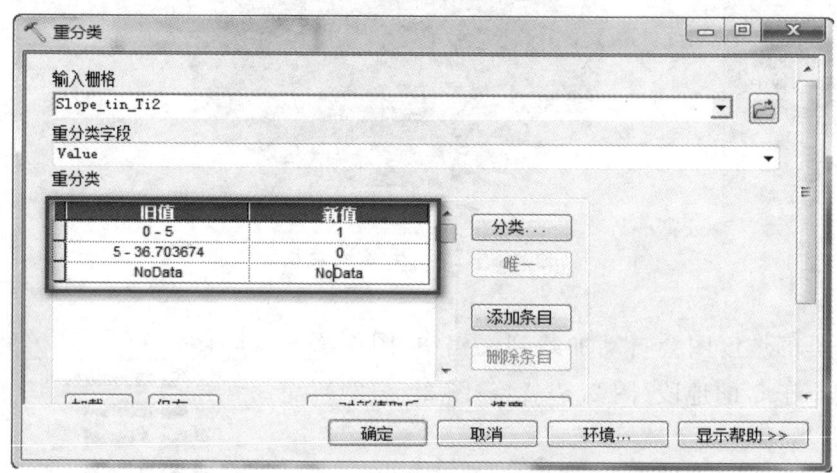

图 2.5-23 坡度赋值

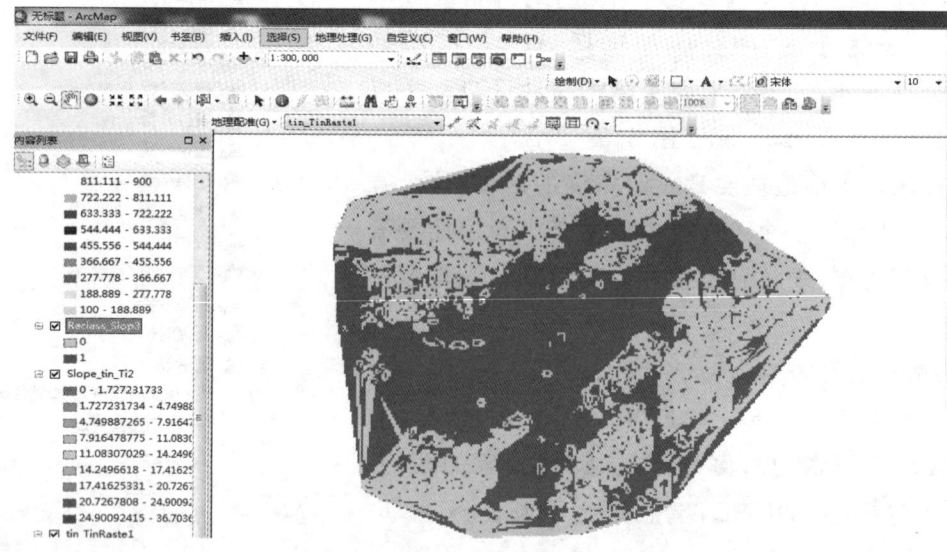

图 2.5-24 坡度重分类图

面:侧类型包括①FULL,整个面建立缓冲区;②outside-only,面的外面建立缓冲区。
融合类型包括以下三种。
NONE:指不执行融合操作,不管缓冲区之间是否重合,都保留每个要素的缓冲区。
ALL:所有缓冲区融合为一个要素,去除重合部分。
LIST:根据给定的字段来融合,字段值相同才能融合。

图 2.5-25 找到缓冲区分析

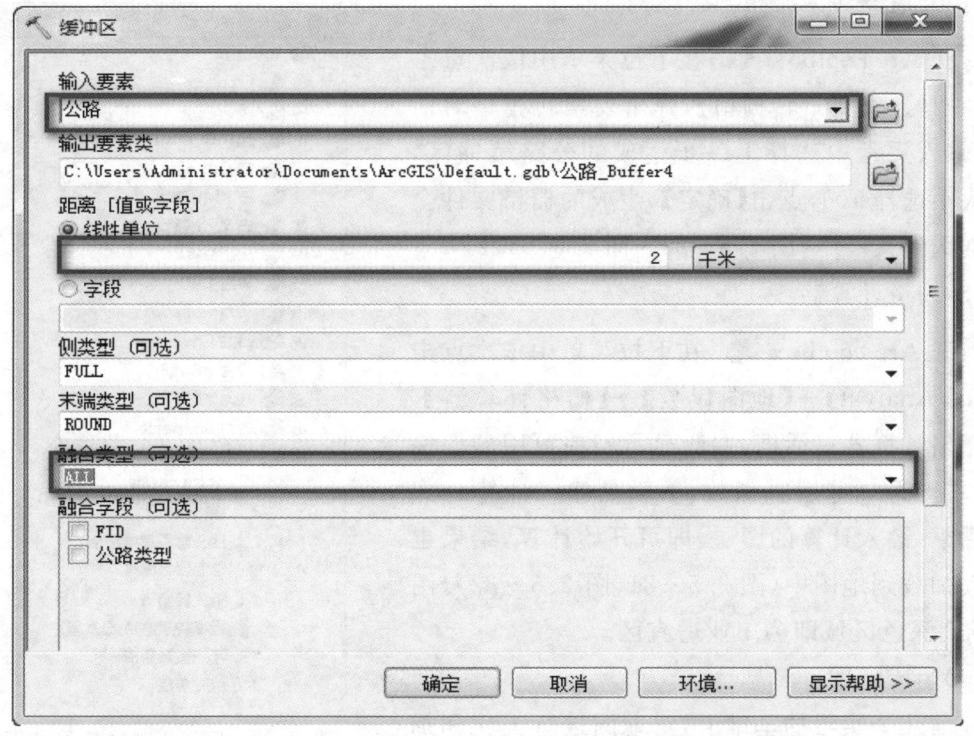

图 2.5-26 生成缓冲区

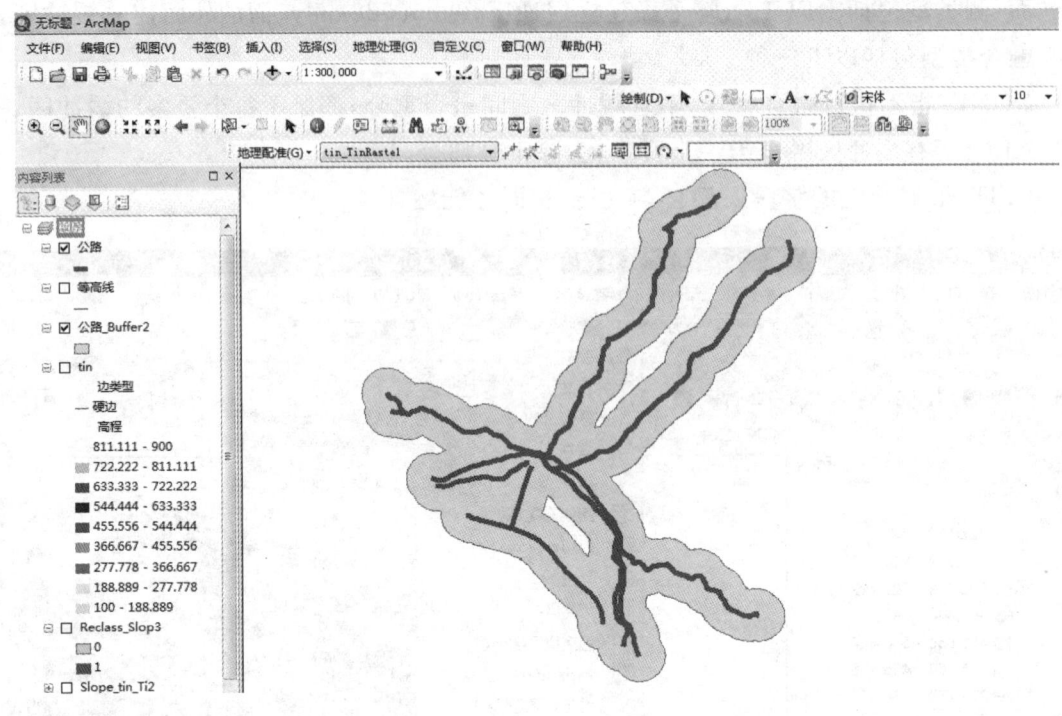

图 2.5-27 缓冲区

(7) 矢量图转为栅格图。

打开 ArcToolbox ,在下拉菜单中依次点击【转换工具】→【要素转栅格】,弹出要素转栅格对话框,在输入要素中选择上一步生成的公路缓冲区,像元大小选择 100,点击【确定】,生成的栅格文件会自动加载到文件中(图 2.5-28～图 2.5-30)。

(8) 栅格计算器。

打开 ArcToolbox,在下拉菜单中依次点击【Spatial Analyst】→【地图代数】→【栅格计算器】,弹出栅格计算器对话框,左侧显示当前可用的栅格图层,右侧为一些运算函数,下面是输入计算公式的对话框,键入计算的图层,即可开始计算,结果也会自动加载到地图中(图 2.5-31、图 2.5-32),图 2.5-33 深色区域即为工业适宜区。

(9) 生成地图。

在前几个实习的基础上,对地图进行美化和加工,即可得图 2.5-34。

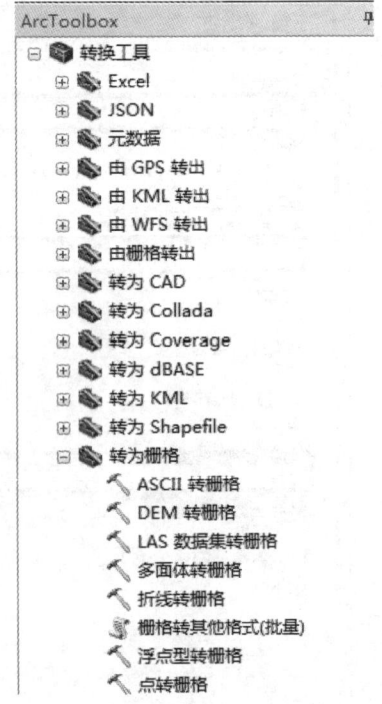

图 2.5-28 找到转栅格工具

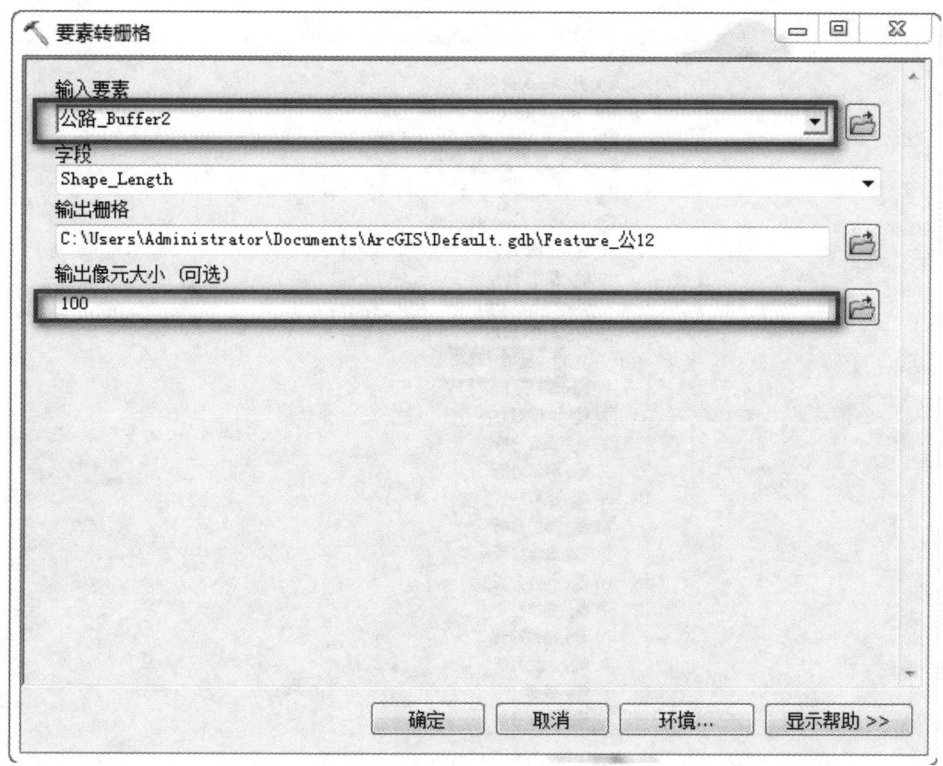

图 2.5-29 要素转栅格

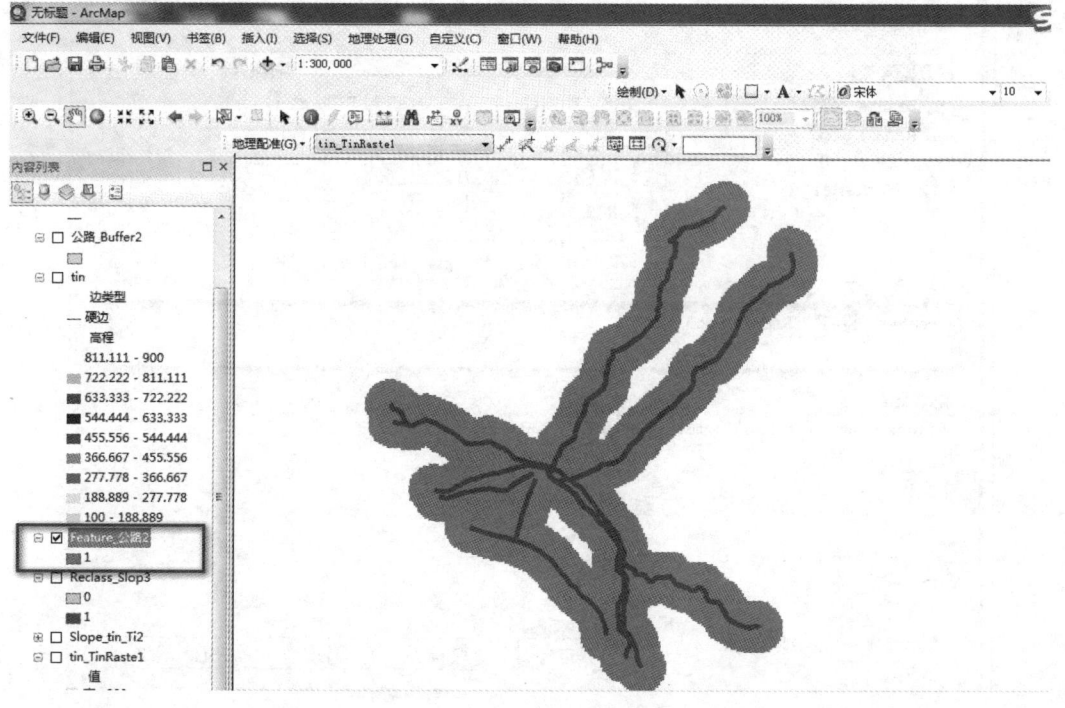

图 2.5-30 生成缓冲区栅格图

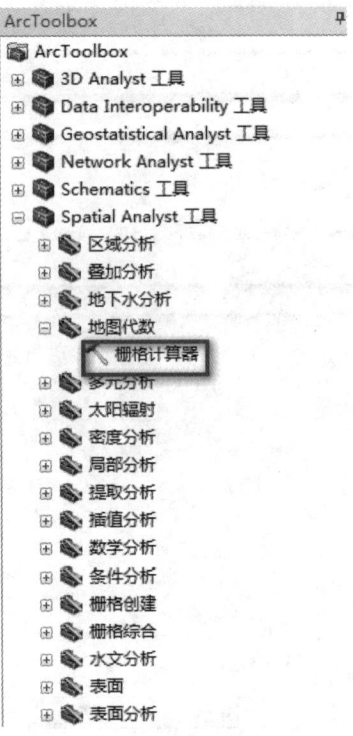

图 2.5-31 找到栅格计算器

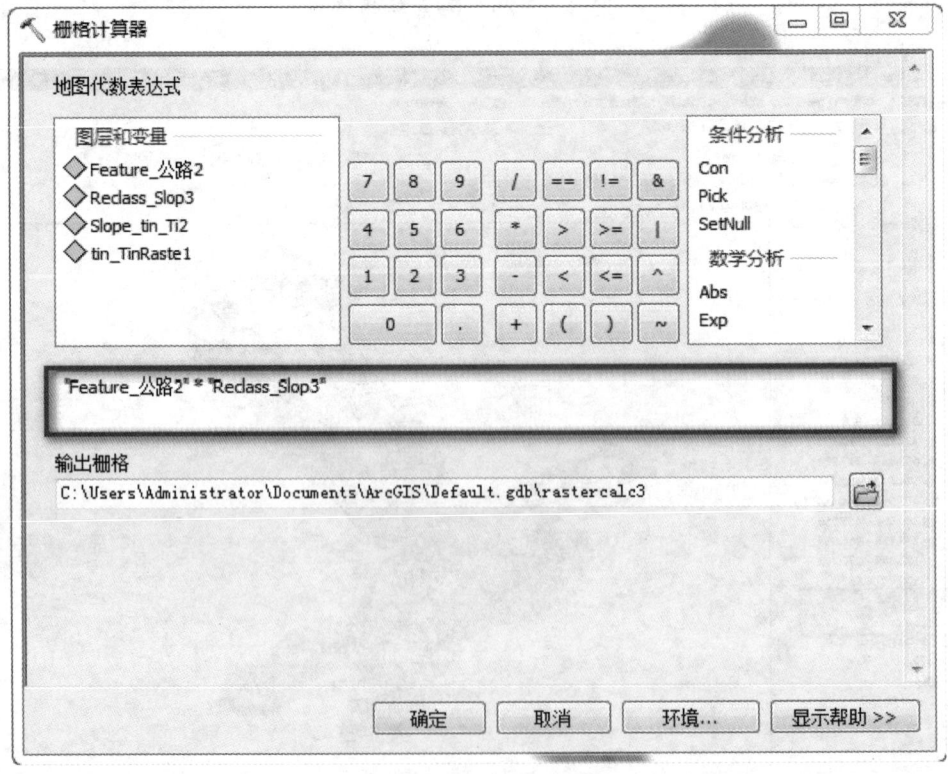

图 2.5-32 栅格计算

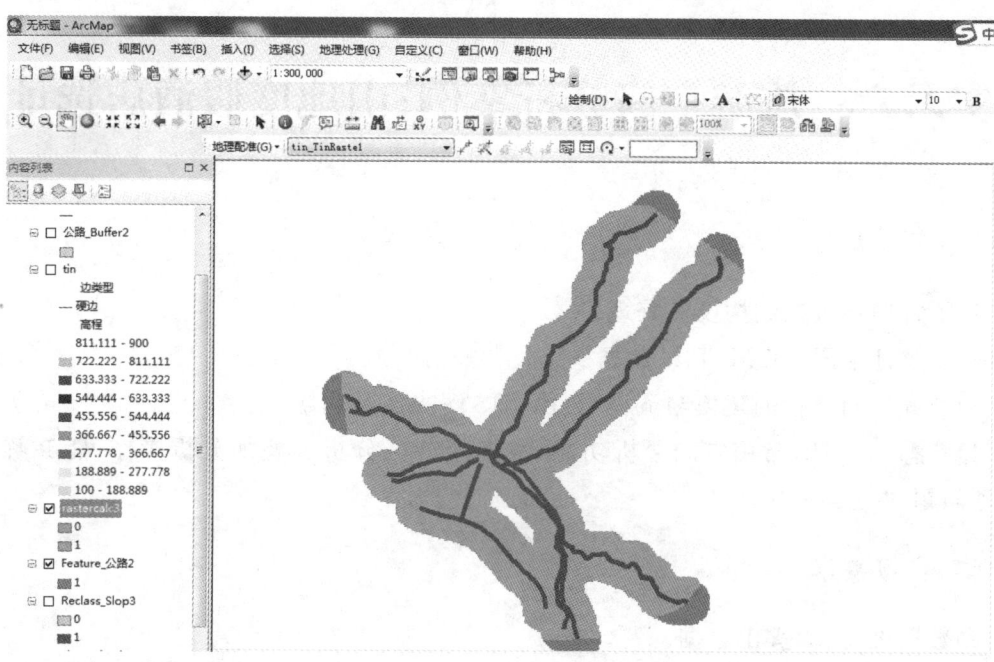

图 2.5-33 满足条件的工业适宜区示意图

图 2.5-34 满足条件的工业适宜区选址示意图

实习六 旅游空间分析案例:山地度假酒店选址

(一)实习目的

(1)了解栅格数据结构及其处理。
(2)了解地形图、DEM、TIN数据。
(3)掌握空间分析的建模与流程,会用GIS解决实际问题。
(4)熟悉ArcGIS常用空间分析功能,掌握缓冲区分析和叠加分析操作,能够解决类似选址问题。

(二)实习要求

(1)数据准备:大雾山数据。
(2)参照实习步骤,处理栅格数据并进行空间分析,熟悉GIS基本的空间分析工具,确定大雾山山地度假酒店的最佳选址。

(三)实习成果

(1)大雾山坡度分析图、坡向分析图、水系缓冲区等专题要素分布图。
(2)大雾山山地度假酒店选址分布图。

(四)实习步骤

ArcToolbox工具箱把ArcGIS桌面端许多功能分门别类存放在不同工具箱中,可以完成3D分析、空间分析、数据转换、数据管理和空间分析统计等一系列功能。其最大特点和优势就是提供易懂的对话框,用户可以根据自己的需要查找、管理和执行各类工具。在ArcMap中,ArcToolbox工具栏默认的情况下是不显示的,这时需要单击软件界面上的ArcToolbox窗口按钮 ,就可以打开ArcToolbox窗口。

注意:有时候工具箱显示功能并不齐全,此时需要在菜单栏中点击【自定义】→【拓展模块】,在【拓展模块】对话框中勾选全部的模块,以保证ArcToolbox使用顺利。

ArcToolbox的空间处理工具条目众多、功能丰富。为了便于管理和使用,一些功能接近或属于同一种类型的工具被集合在一起形成工具的集合,这样的集合被称为工具集。按照功能和类型的不同,主要分为18个工具集。

在操作过程中常用到的几个工具集有:

(1)3D Analyst工具。

3D分析工具主要包括转换、栅格修补、栅格计算、栅格重分类、数据管理等工具集。

使用 3D 分析工具可以创建、修改 TIN 和栅格表面，并从中抽象出相关信息和属性，还可以实现三维要素分析等各种功能。

（2）分析工具。

分析工具包括叠加分析、提取分析、统计分析和领域分析等数据集。对于所有类型的矢量数据，分析工具提供了一整套方法来运行多种地理处理框架，比如选择、裁剪、相交、联合、拆分、频数、汇总统计数据等。

（3）制图工具。

制图工具用得比较多的是掩膜工具集，包括交叉图层掩膜、死胡同掩膜、要素轮廓线掩膜三种掩膜工具。制图工具与 ArcGIS 中其他大多数工具有着明显的目的性差异，它是根据特定的制图标准来设计的。

（4）转换工具。

转换工具包含了一系列不同数据格式之间互相转换的工具，涉及的数据格式主要有栅格数据、Shapefile、Coverage、Geodatabase、CAD 等。转换工具主要由栅格转出、转换为 CAD、转换为 Coverage、转换为栅格、转换为 Shapefile 等工具组成。

（5）数据管理工具。

数据管理工具包括数据库、分离编辑、值域、要素类、要素、字段、索引、投影和转换、拓扑等工具集。数据管理工具提供了丰富且种类繁多的工具来管理和维护要素类、数据类、图层及栅格数据结构。

1. 加载数据

启动 ArcMap，新建新的地图文档，在工具条上单击 ✚ 按钮，打开【添加数据】对话框，将大雾山的"等高线.shp"数据加载到地图上，点击【确定】。

2. 建立 TIN

单击 按钮，打开【ArcToolbox】工具集，在下拉菜单中依次点击【3D Analyst 工具】→【数据管理】→【TIN】→【创建 TIN】，弹出【创建 TIN】的对话框，【输出 TIN】命名为 tin，【输入要素类】选择等高线，点击【确定】，生成的 TIN 文件会自动加载到目录列表中（图 2.6－1、图 2.6－2）。

3. 生成 DEM

单击 按钮，打开【ArcToolbox】工具集，在下拉菜单中依次点击【3D Analyst 工具】→【转换】→【由 TIN 转出】→【TIN 转栅格】，弹出【TIN 转栅格】对话框，【输入 TIN】选择上一步生成的 TIN 文件，【输出栅格】为默认位置，点击【确定】，生成的 DEM 文件会自动加载到目录列表中，颜色越深的地方表示高程值越高，如图 2.6－3、图 2.6－4 所示。

4. 单因子分析——基于海拔

点击 按钮，打开【ArcToolbox】工具集，在下拉菜单中依次点击【Spatial Analyst

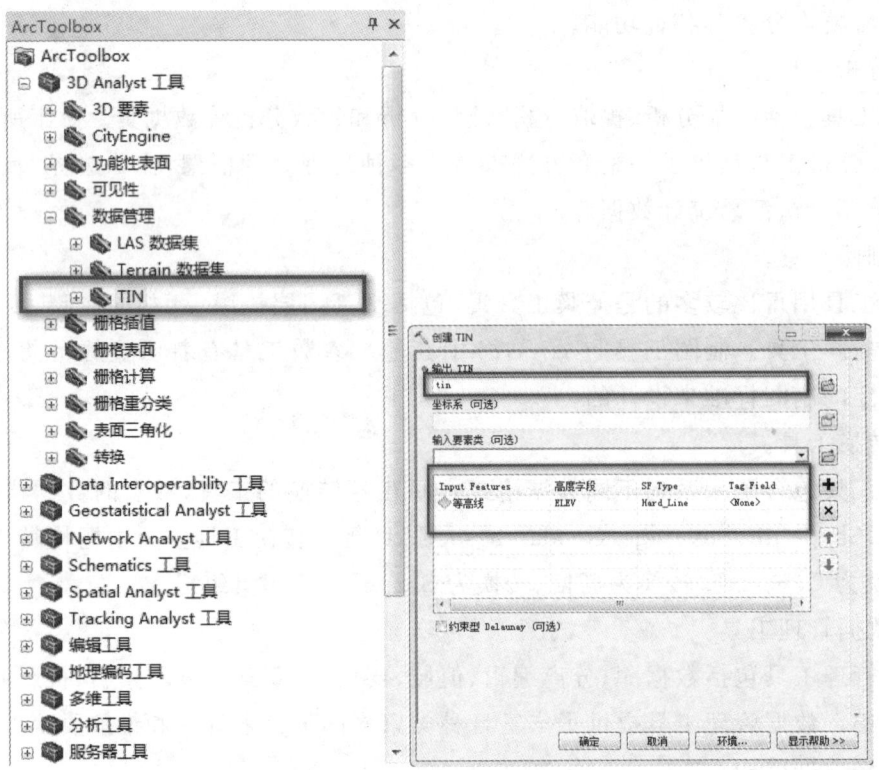

图 2.6-1　创建 TIN

图 2.6-2　生成 TIN

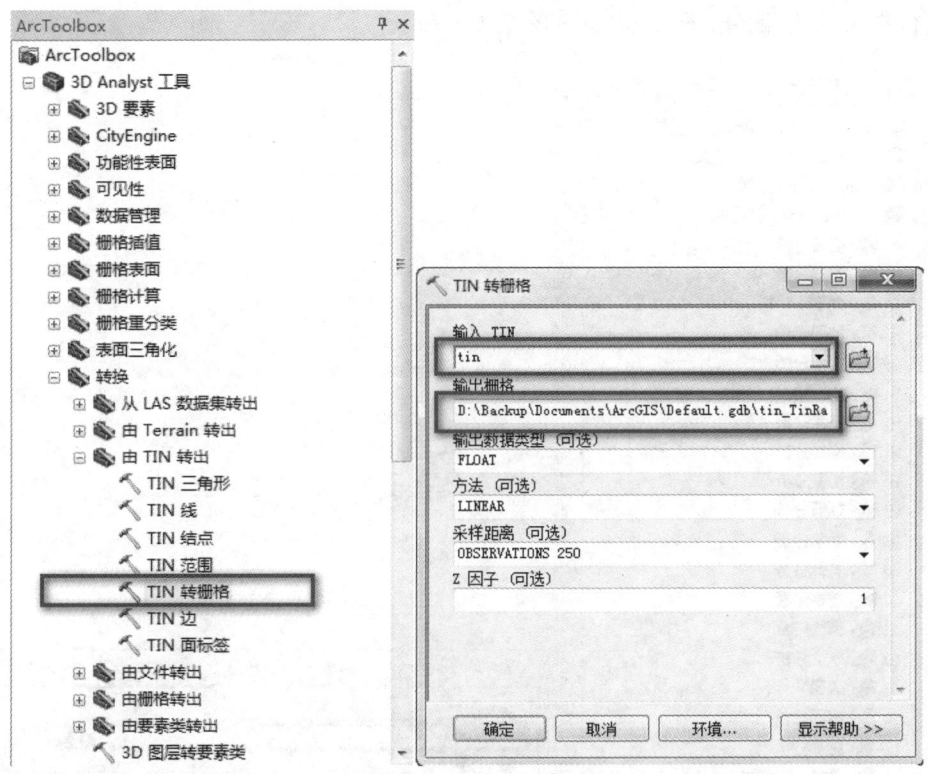

图 2.6-3 TIN 转栅格

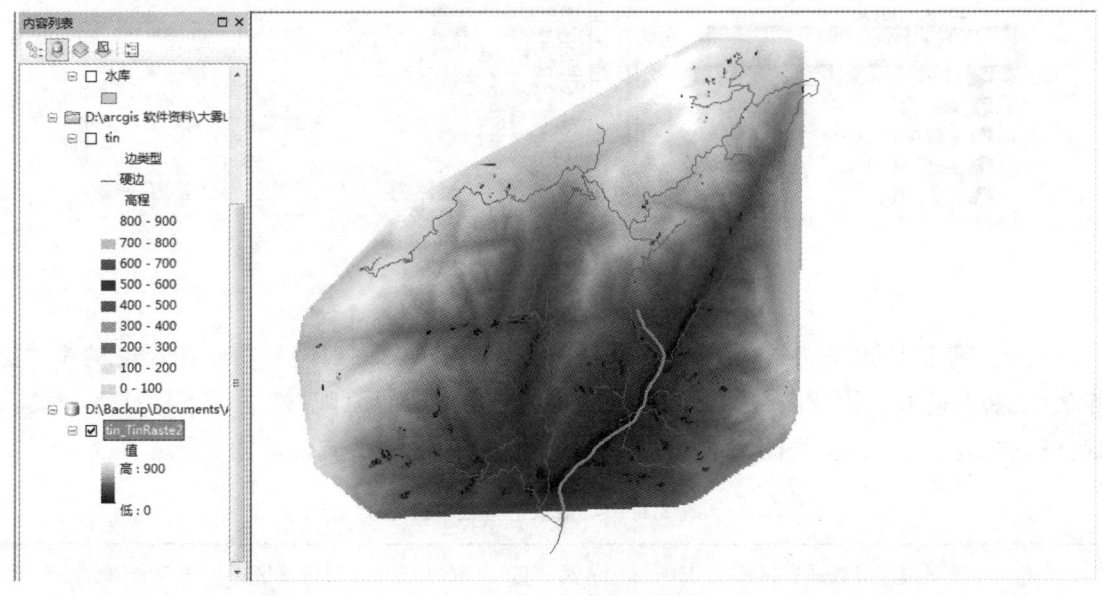

图 2.6-4 生成栅格

工具】,找到【重分类】,双击后弹出【重分类】对话框,【输入栅格】选择等高线生成的栅格文件,并进行重分类和赋分(图2.6-5～图2.6-7)。

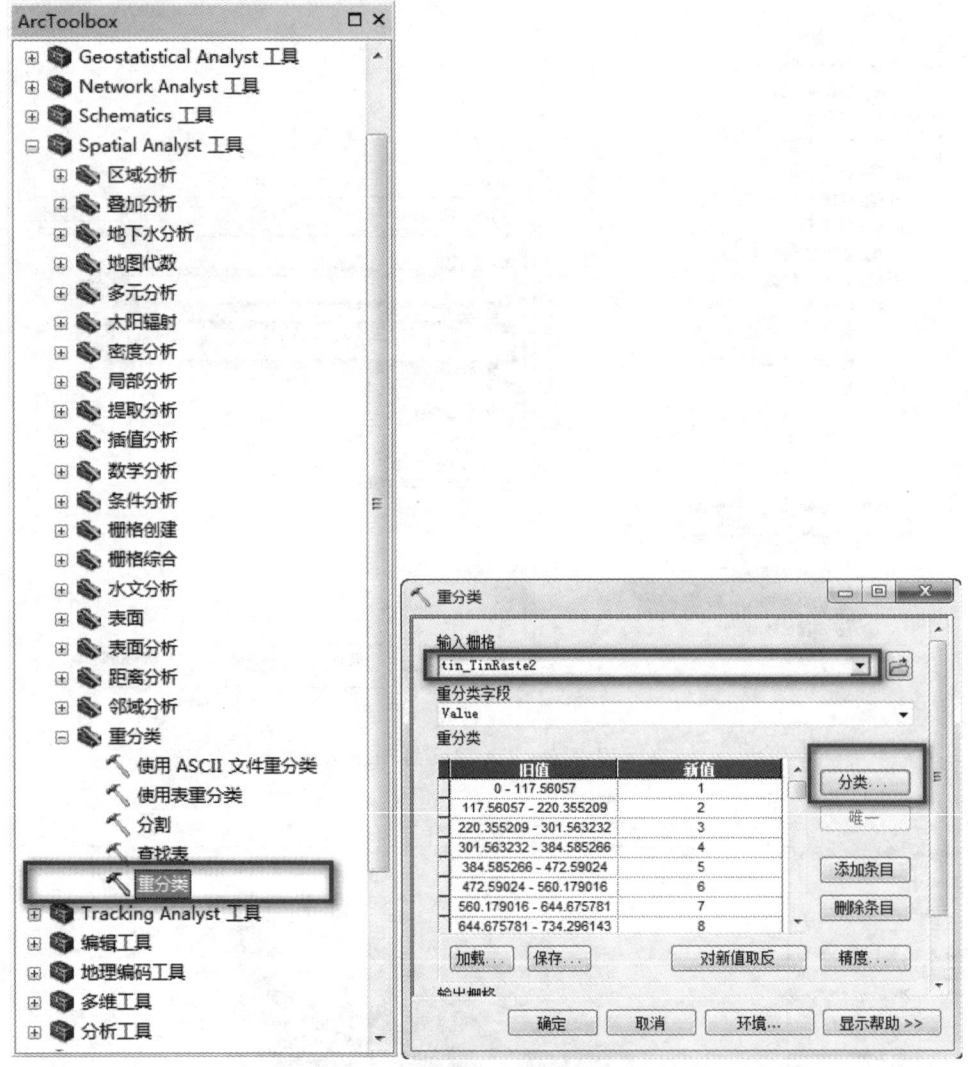

图 2.6-5　找到重分类

山地度假酒店选址,根据其海拔、气温、气候等特点,考虑到避暑功能和景观观赏位置等条件,基本遵循海拔越高、建造山地酒店的适宜性越高的原则,建立以下标准重分类和赋分标准(表2.6-1)。如图2.6-8所示,不同颜色的区域适宜性不同。

表 2.6-1　海拔适宜性评分

海拔	<250m 较适宜区	250～500m 适宜区	500～650m 较适宜区	>650m 最适宜区
适宜性分值	2	3	4	5

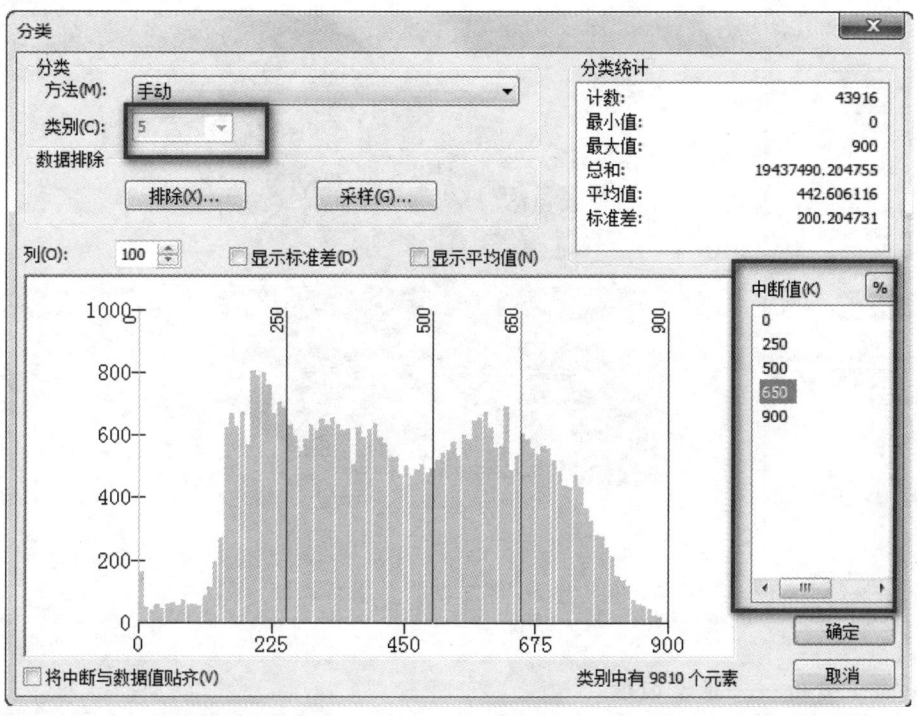

图 2.6-6 海拔重分类

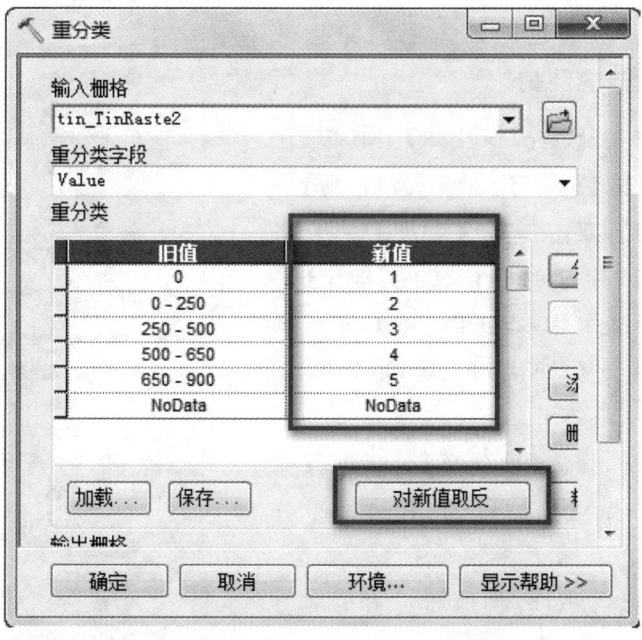

图 2.6-7 海拔赋值

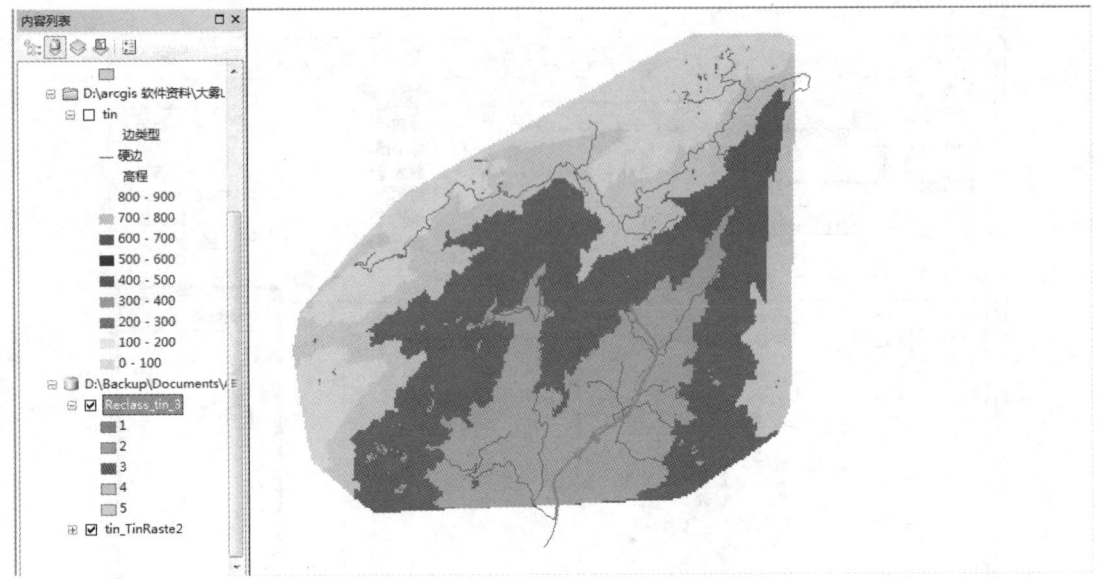

图 2.6-8　海拔适宜度分析

5. 单因子分析——基于坡度

坡度是指过地表面任意一点的切平面与水平地面的夹角。坡度用来计算任一单元和领域单元间变化的最大比率。输出数据的每一个单元都有一个坡度值,坡度值越低则表明地势越平坦,坡度值较高则地势较陡峭。

单击  按钮,打开【ArcToolbox】工具集,在下拉菜单中依次点击【Spatial Analyst 工具】→【表面分析】→【坡度】,双击,打开【坡度】对话框,【输入栅格】选等高线生成的栅格文件,指定【输出栅格】的保存路径和名称,点击【确定】,完成操作,自动生成的坡面图会加载到内容列表中,如图 2.6-9~图 2.6-11 所示。

打开重分类工具,弹出【重分类】对话框,【输入栅格】选上一步生成的坡度图,并进行重分类和赋分(图 2.6-12~图 2.6-14)。

根据实际经验,坡度对各种地质灾害形成有显著影响,平坡和缓坡更利于居住和工程施工。尤其是在山地地形中,选取坡度小的位置不仅仅

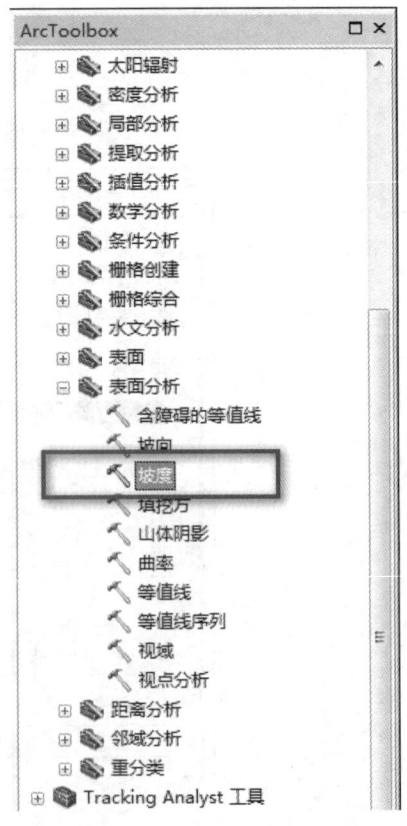

图 2.6-9　坡度分析命令

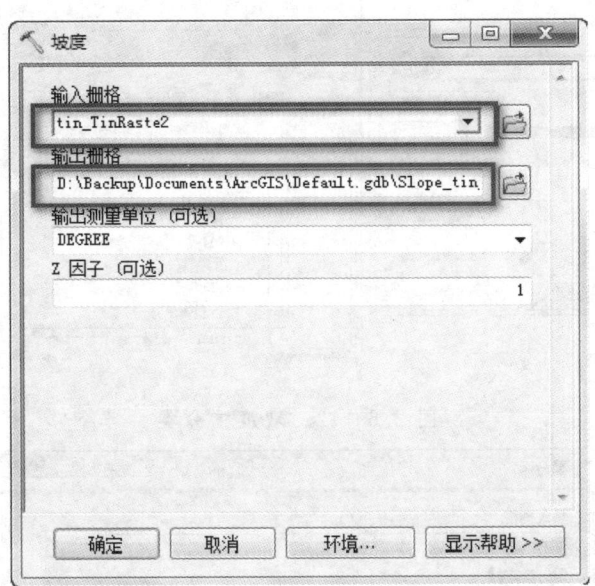

图 2.6-10 坡度分析

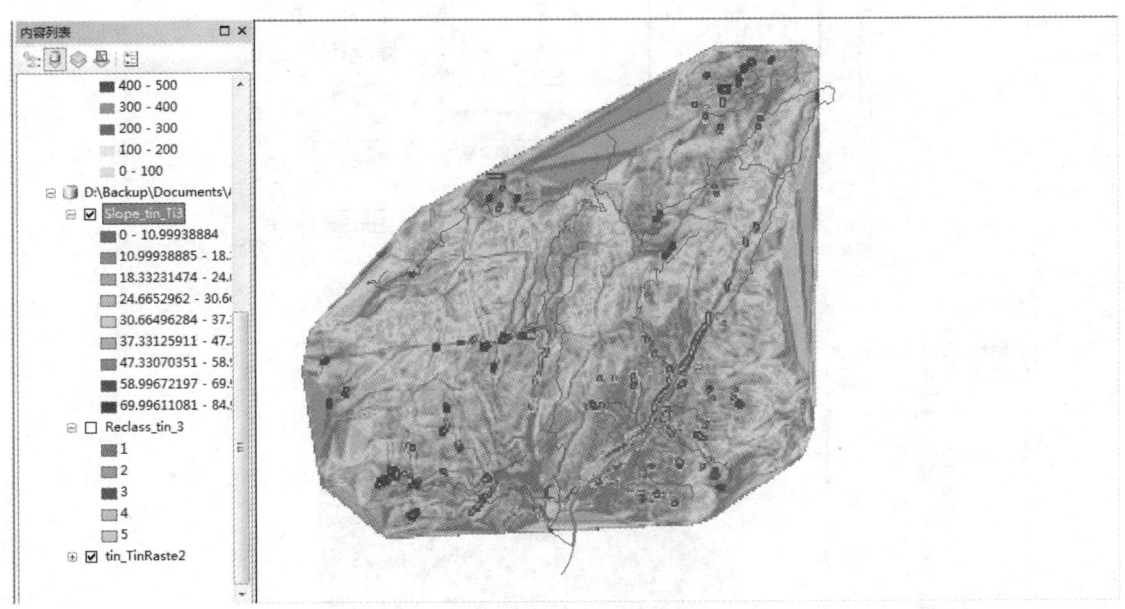

图 2.6-11 生成坡度图

是出于对经济和居住条件的考虑，更重要的是山区工程需要避开地质灾害高危区。因此，坡度大小与适宜性呈对负相关，但考虑到排水问题，故将缓坡地列为最优区域。所以，按照以下标准进行重分类和赋分(表 2.6-2)。

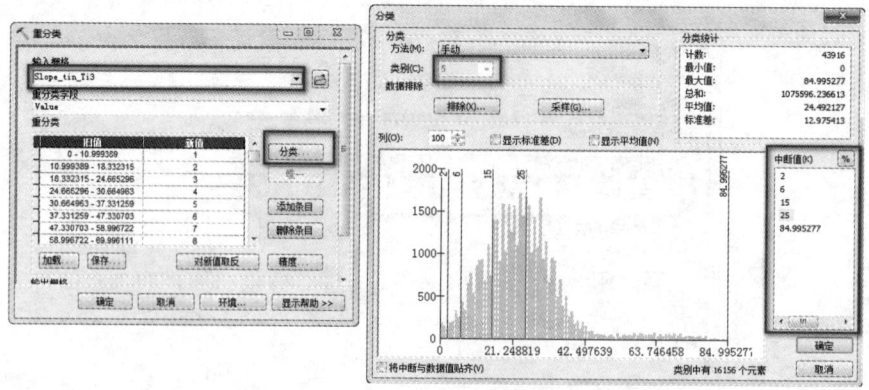

图 2.6-12 坡度重分类

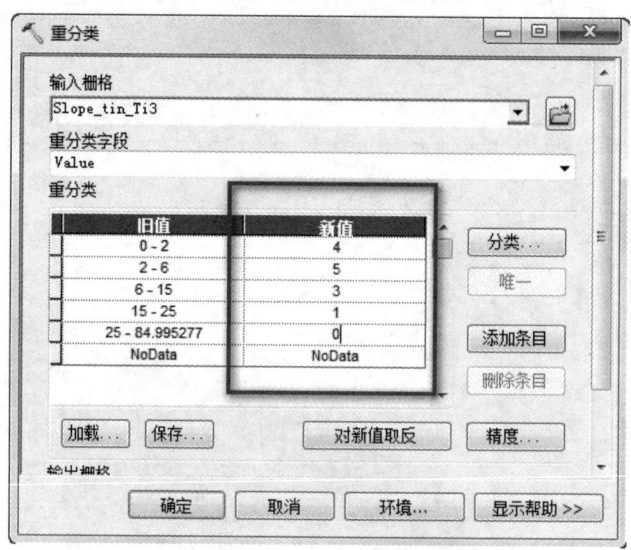

图 2.6-13 坡度赋值

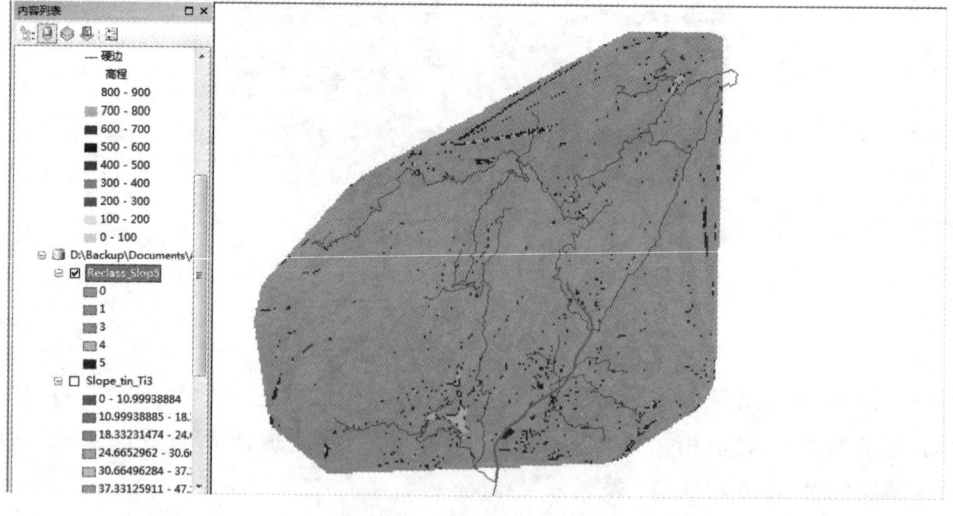

图 2.6-14 坡度适宜度分析

表 2.6-2　坡度适宜性评分

坡度	<2°	2°~6°	6°~15°	15°~25°	>25°
适宜性分值	4	5	3	1	0

6. 单因子分析——基于坡向

单击 按钮，打开【ArcToolbox】工具集，在下拉菜单中依次点击【Spatial Analyst 工具】→【表面分析】→【坡向】，双击，出现【坡向】对话框，【输入栅格】选择等高线生成的栅格文件，点击【确定】，自动生成的坡向图加载至内容列表中（图 2.6-15）。

图 2.6-15　生成坡向图

打开【重分类】工具，弹出【重分类】对话框，【输入栅格】选择上一步生成的坡向，进行赋分（图 2.6-16、图 2.6-17）。

坡向是指坡面法线在水平面上的投影的方向，即生活中常说的"南坡""南面"。对于山地地形而言，坡向对气温、降水、日照、风速以及生物分布都有很大影响。大雾山位于我国东部季风区，所处纬度在北回归线以北，因此南坡、东南坡、西南坡为阳坡和夏季迎风坡，因此可以获得更多日照和夏季降水，冬季则可以减少受到北方南下的干冷空气的影响，从而拥有更好的气候环境。因此，结合北半球的日照特点以及我国东部季风的特点，按照以下标准对不同坡向赋以不同适宜性（表 2.6-3）。

图 2.6-16 坡向赋分

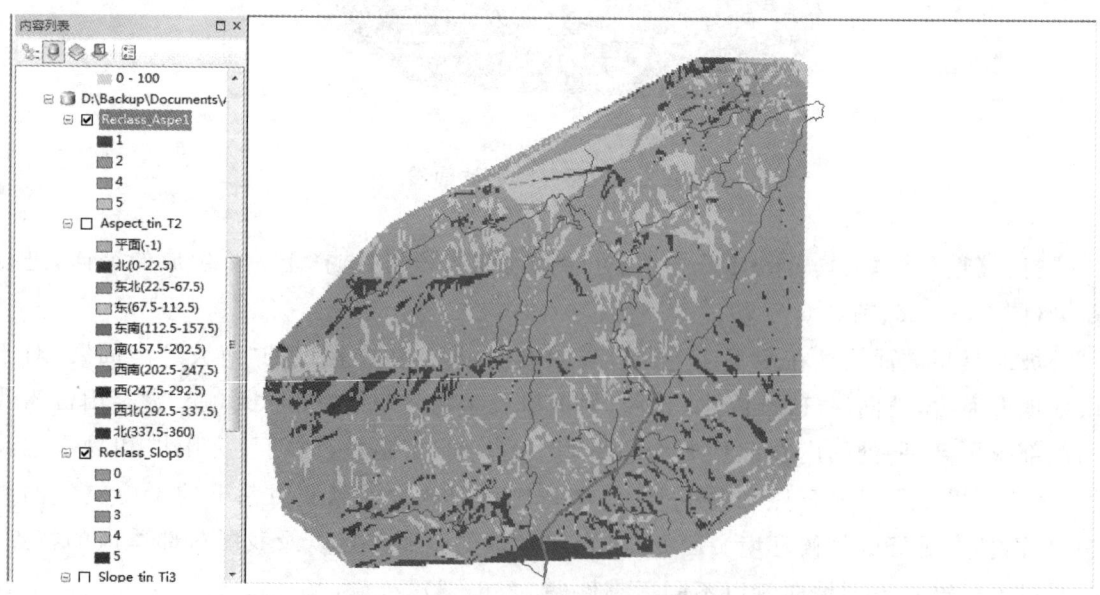

图 2.6-17 坡向适宜度分析

表 2.6-3 坡向适宜性评分

坡向	南坡	东南、西南	东、西、东北、西北	北
适宜性分值	5	4	2	1

7. 单因子分析——基于交通

交通是影响酒店选址的重要因素,通达性对酒店未来的经营有很大影响。特别是在山区,当出现滑坡、急症等意外情况时,如能够尽快沟通山区内外的联系和交通,可以显著减小甚至完全避免意外事故造成的损失。所以,山地度假酒店需要考虑到交通要素。

点击 ![+] 按钮,出现【添加数据】对话框,加载"乡村道路.shp"到地图中,单击 ![图] 按钮,打开【ArcToolbox】工具集,在下拉菜单中依次点击【分析工具】→【领域分析】→【多环缓冲区】(图 2.6-18),双击,出现【多环缓冲区】对话框,【输入要素】选择乡村道路,按照距离道路的直线距离为标准,在【距离】文本框中设置缓冲距离,输入距离后,单击 ![+] 按钮,可将其提交到列表中,可多次输入缓冲距离,建立＜50m、50～100m、100～150m、150～200m、200～250m 五级缓冲区,【缓冲区单位】为可选项,选择单位"Meters"(图2.6-19),并按以下标准赋分(表2.6-4)。多环缓冲区是指在输入要素周围指定不同的距离创建缓冲区(图 2.6-20)。

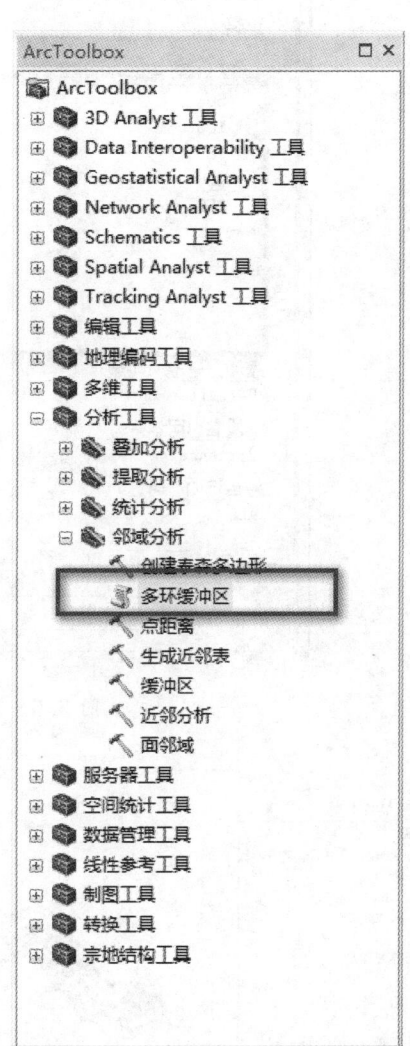

图 2.6-18　打开多环缓冲区

表 2.6-4　交通适宜性评分

距公路距离	＜50m	50～100m	100～150m	150～200m	200～250m
适宜性分值	5	4	3	2	1

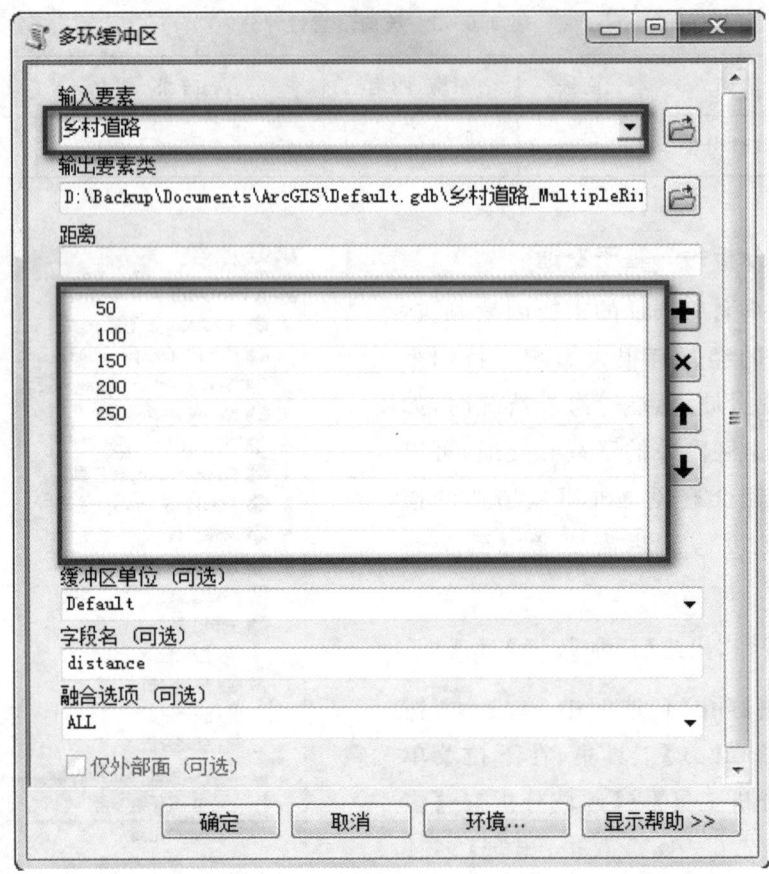

图 2.6-19 建立多环缓冲区

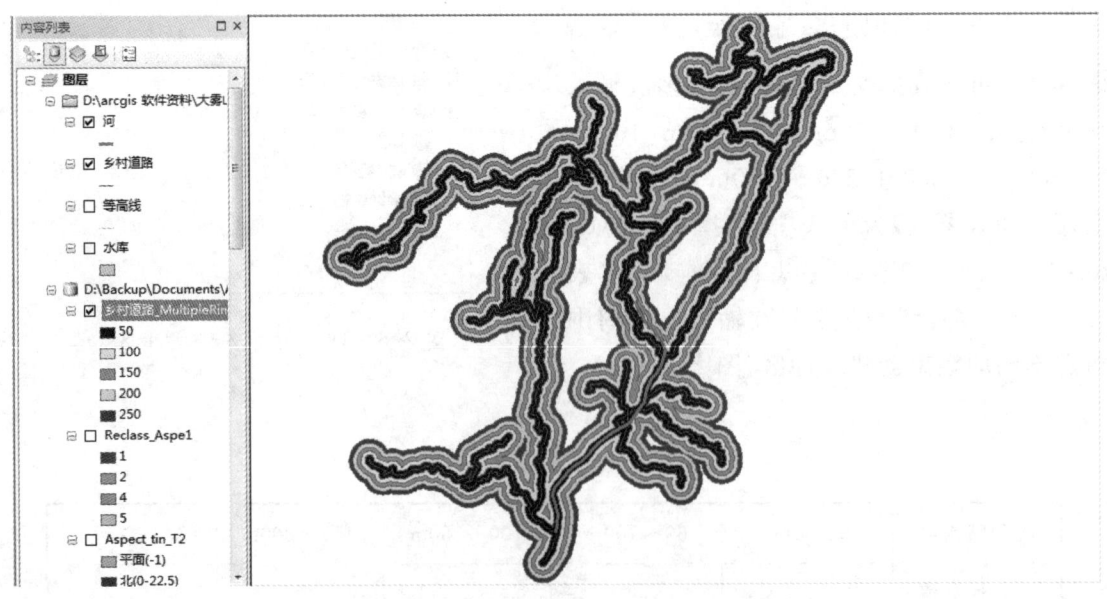

图 2.6-20 生成多环缓冲区

单击 ![按钮] 按钮,打开【ArcToolbox】,在下拉菜单中依次点击【转换工具】→【要素转栅格】,弹出【要素转栅格】对话框,【输入要素】选择上一步生成的乡村道路缓冲区,点击【确定】,生成的栅格文件会自动加载到内容列表中(图2.6-21~图2.6-23)。

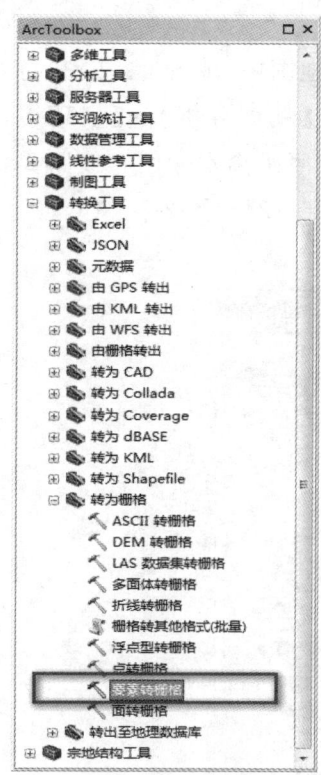

图2.6-21 找到转栅格工具

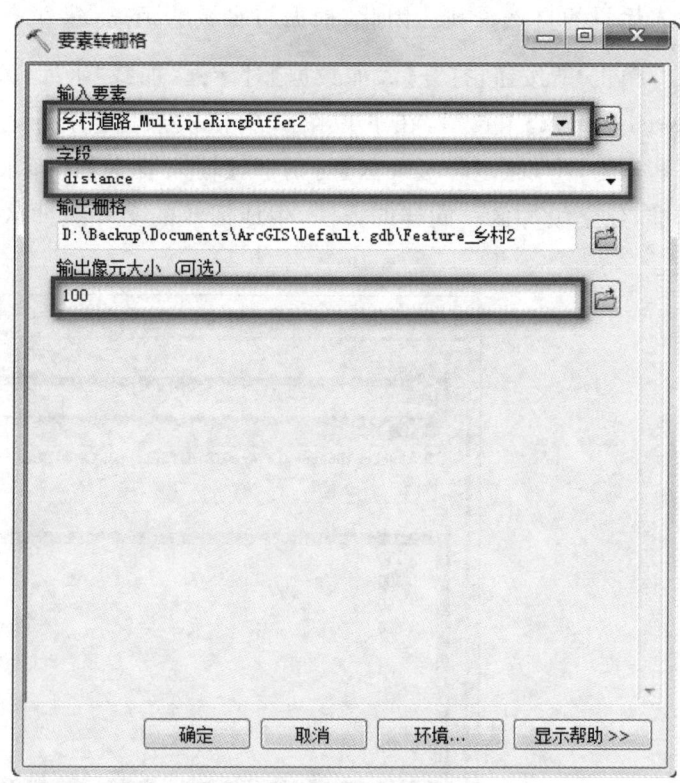

图2.6-22 要素转栅格

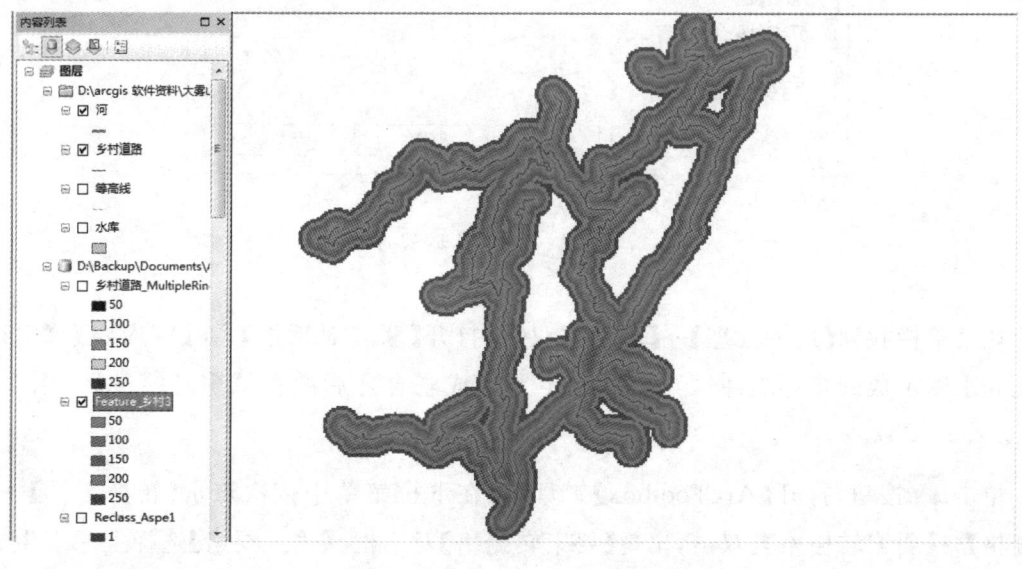

图2.6-23 生成缓冲区栅格图

8. 单因子分析——基于水域

尽管大雾山中的河流径流量较小，但作为酒店经营的主要用水的一部分，水作为一种重要的资源，水域可以拓展开发多种滨水游憩项目，如垂钓、游泳，并且湍流本身也是一种令人愉悦的自然景观。因此，根据与水域的距离，建立多环缓冲区。

单击 ➕ 按钮，打开【添加数据】对话框，加载"水库.shp"到地图中，单击 按钮，打开【ArcToolbox】工具集，在下拉菜单中依次点击【分析工具】→【领域分析】→【多环缓冲区】，双击，出现【多环缓冲区】对话框，【输入要素】选择水库，按照距离水库的直线距离为标准，建立缓冲区。同样的方法，生成河流的多环缓冲区（图 2.6-24～图 2.6-26）。

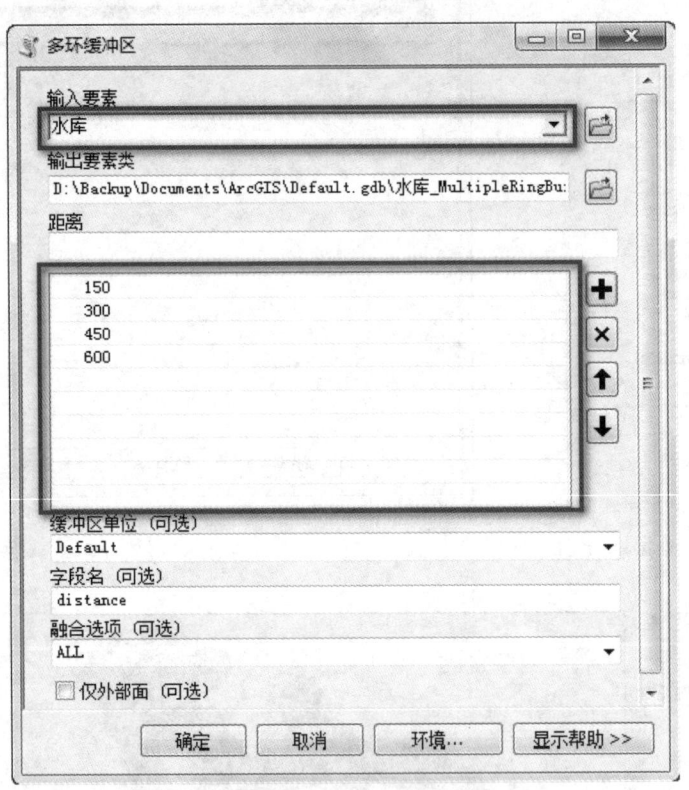

图 2.6-24　建立多环缓冲区

在菜单栏找到【地理处理】→【联合】，双击，打开【联合对话框】，在【输入要素】中选择河流和水库生成的多环缓冲区，点击【确定】，生成联合之后的水域多环缓冲区（图 2.6-27、图 2.6-28）。

单击 按钮，打开【ArcToolbox】工具集，在下拉菜单中依次点击【转换工具】→【转为栅格】→【要素转栅格】，双击，出现【要素转栅格】对话框，【输入要素】选择上一步生成的水域多环缓冲区，点击【确定】，生成的栅格图会自动加载到目录列表中（图 2.6-29）。

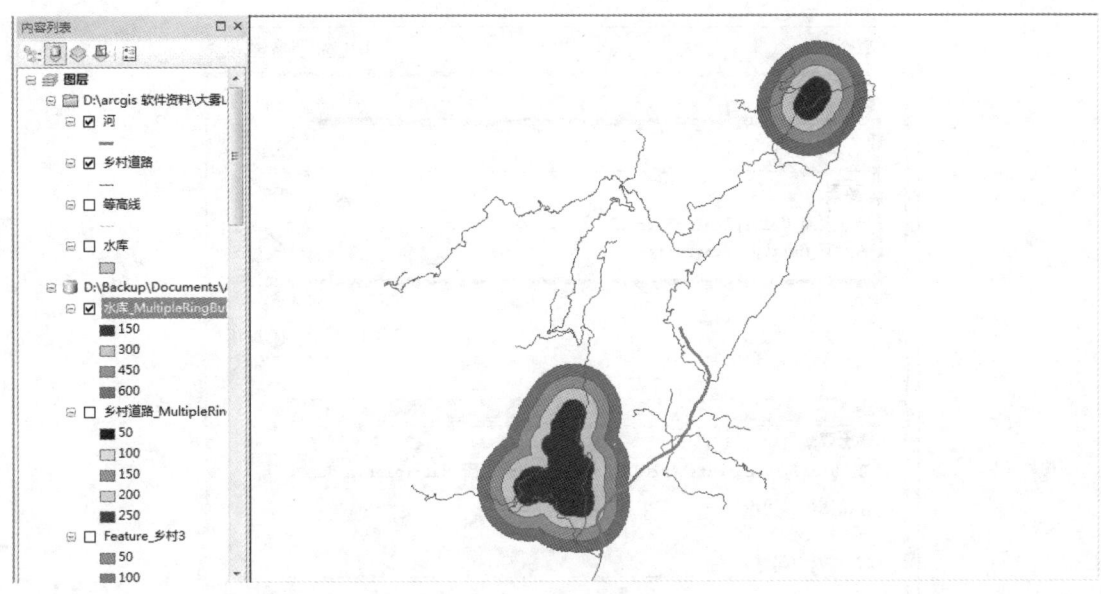

图 2.6-25　生成水库多环缓冲区

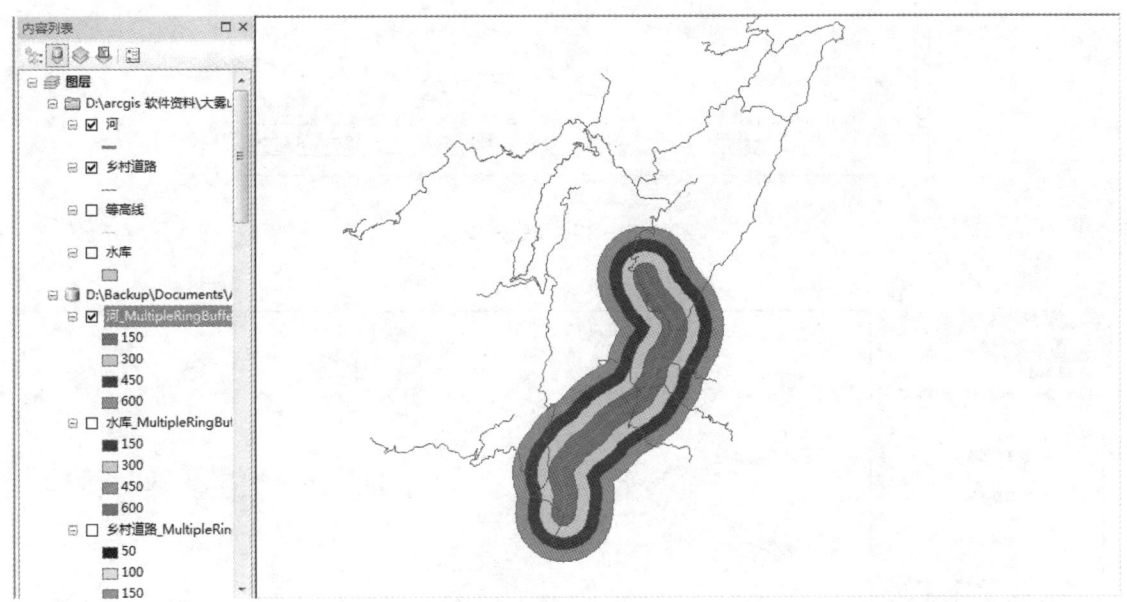

图 2.5-26　生成河流多环缓冲区

打开重分类工具,弹出【重分类】对话框,【输入栅格】选择上一步生成的栅格图(图 2.6-30、图 2.6-31),并按以下标准进行重分类和赋分(表 2.6-5)。

表 2.6-5　水域适宜性评分

距水域距离	<150m	150～300m	300～450m	450～600m
适宜性分值	5	4	2	1

图 2.6-27 联合工具

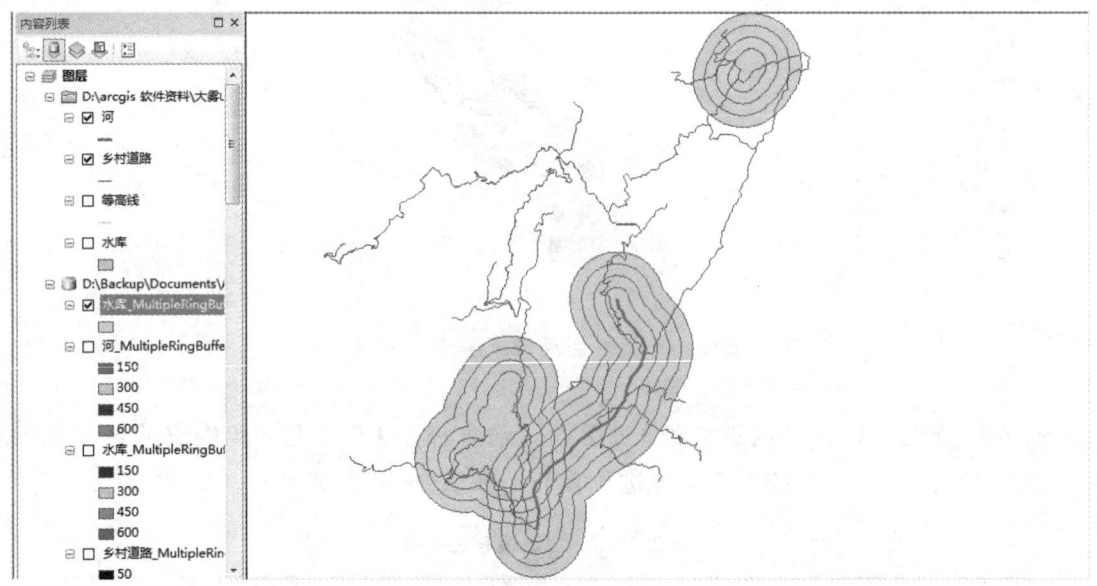

图 2.6-28 生成水域多环缓冲区

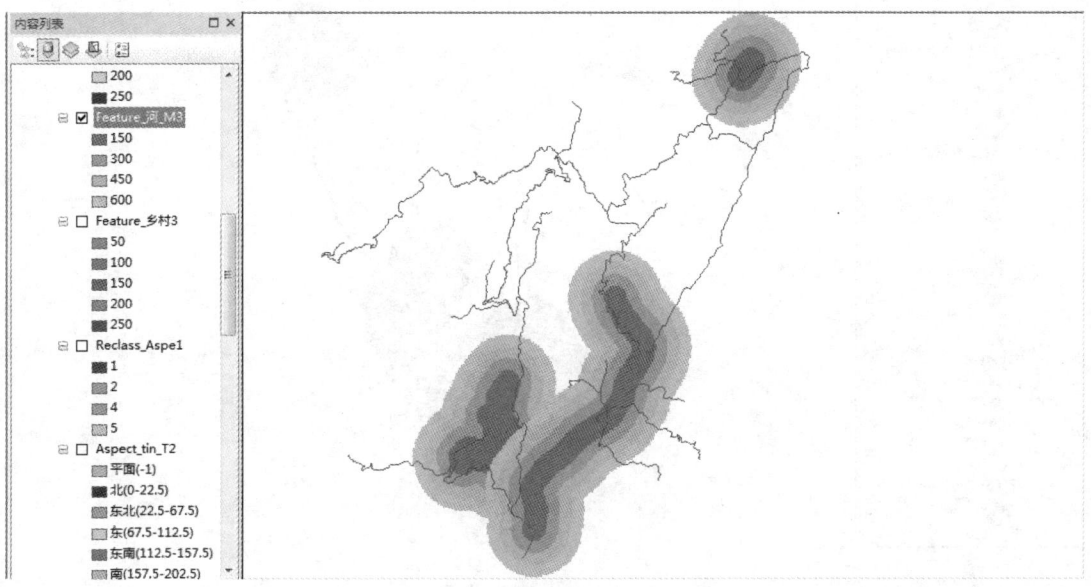

图 2.6-29 水域缓冲区栅格图

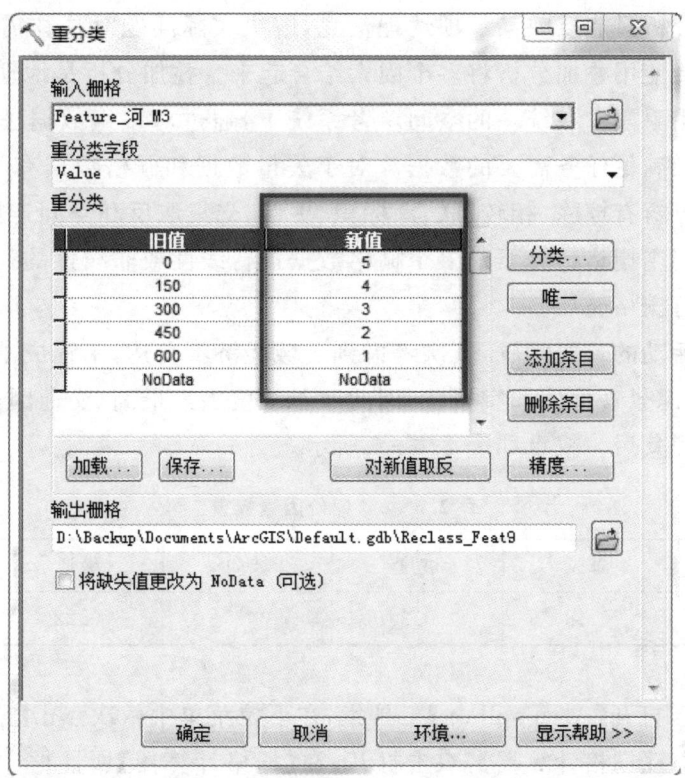

图 2.6-30 水域适宜性赋值

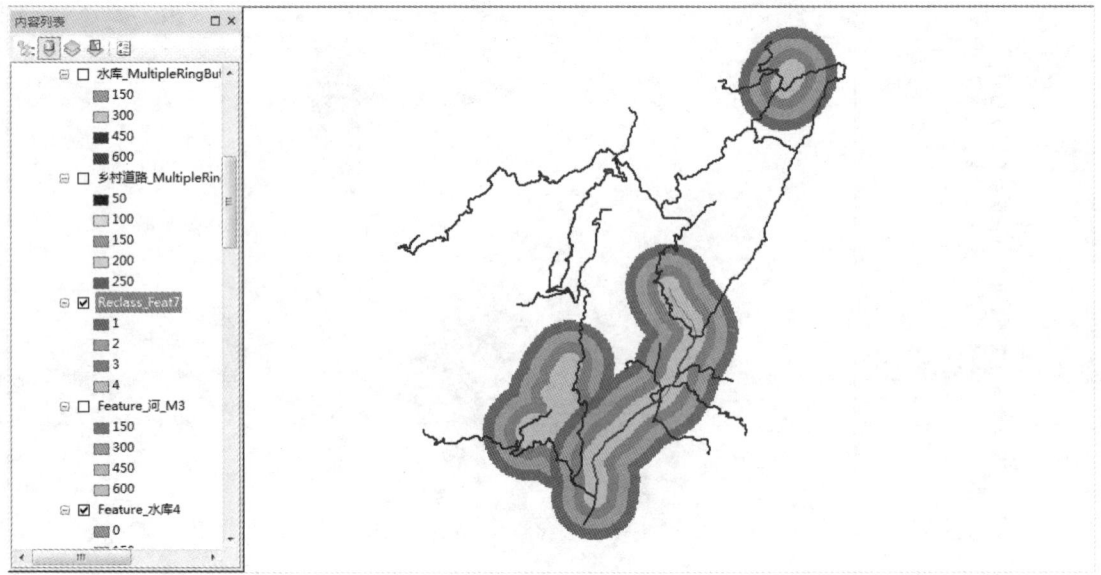

图 2.6-31　水库适宜性分析

9. 叠加分析

单因素空间分析只能反映某一项地理信息,解决实际问题时往往需要对多个因素进行评价,因此,需要使用叠加分析将多个因素结合起来。叠加分析是地理信息系统提取空间隐含信息的常用手段。在统一的空间参考系统下,通过对多组数据进行一系列集合运算,从而产生新的、满足任务需要的数据。对于矢量数据和栅格数据有不同的叠加方法,矢量数据的叠加分析有擦除、相较、联合、标识、更新、交集取反和空间连接七种分析,而栅格数据则主要是利用栅格计算器对多个栅格数据进行线性或非线性的代数计算。这里使用栅格计算器进行栅格叠加。

安全是旅游活动的首要问题,其次考虑到县域经济不发达,工程成本作为第二项衡量标准考虑,最后考虑景观价值和宜居性,因此赋予坡度因素最高、交通因素第二的权重,海拔、坡向、水域分列其后。权重如表 2.6-6 所示。

表 2.6-6　评价因素权重

评价因素	海拔	坡度	坡向	交通	水域
权重	0.18	0.3	0.15	0.22	0.15

点击 按钮,打开【ArcToolbox】工具集,在下拉菜单中依次点击【Spatial Analyst 工具】→【地图代数】→【栅格计算器】,双击打开,在【栅格计算器】属性框中根据不同因素的不同权重,输入计算公式,点击【确定】,山地度假酒店的适宜区地图会自动加载到内容列表中(表 2.6-32～图 2.6-34)。

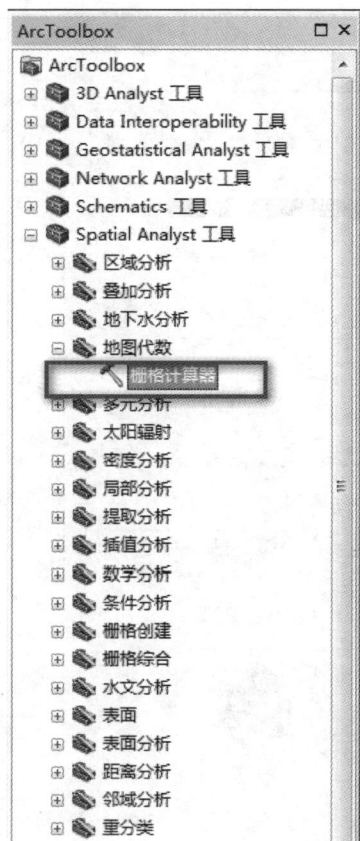

图 2.6-32 找到栅格计算器

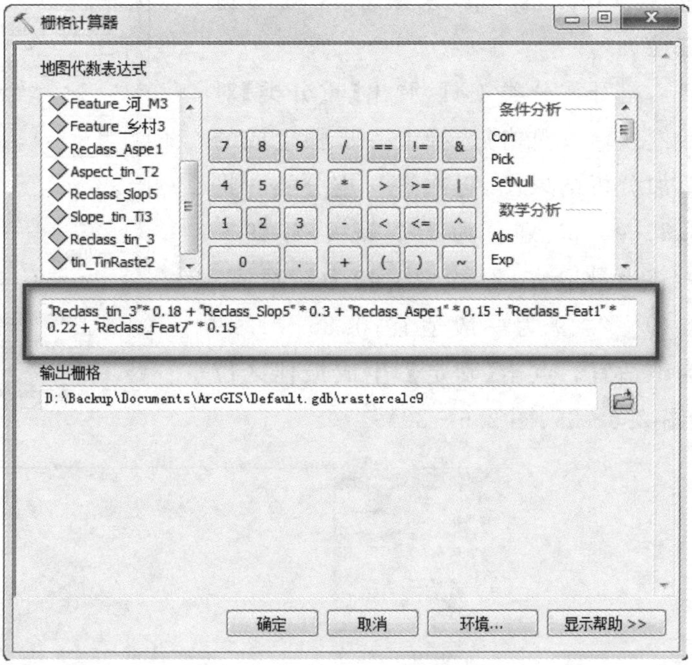

图 2.6-33 栅格计算

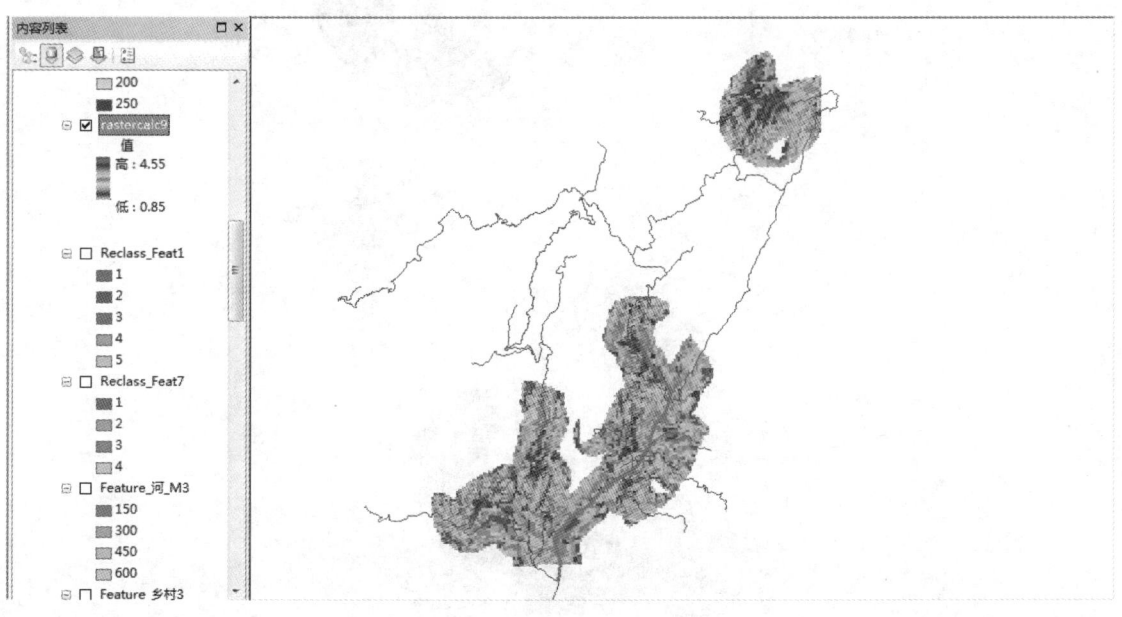

图 2.6-34 山地酒店选址分析

10. 结果分析

根据栅格计算的结果，赋权计算后的适宜性范围为 0.85～4.55。可以采用色带（Color Ramp）来展示区域的适宜性。

打开重分类工具，弹出【重分类】对话框，【输入栅格】选择上一步骤生成的叠加分析结果图，再次进行重分类。将 0.85～4.55 划分为 4 个等级，3.49～4.55 为最适宜；2.49～3.49 为较适宜；1.49～2.49 为一般适宜；0.85～1.49 为不适宜。点击【确定】，生成最佳区位（图 2.6-35、图 2.6-36）。

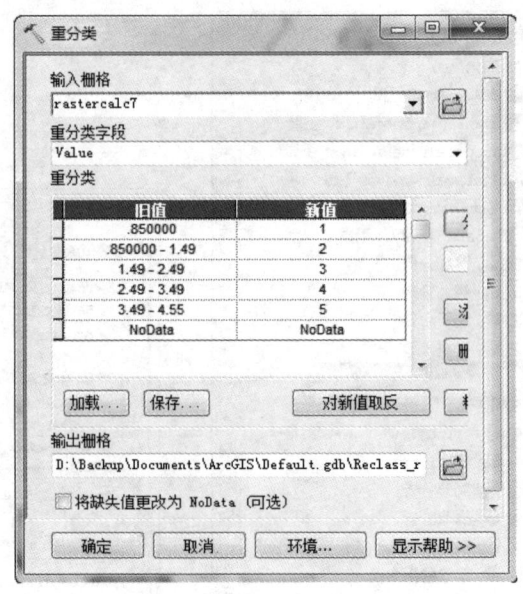

图 2.6-35 重分类

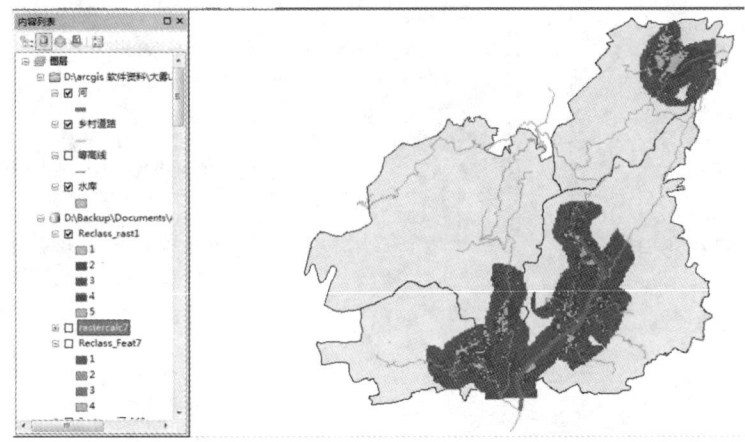

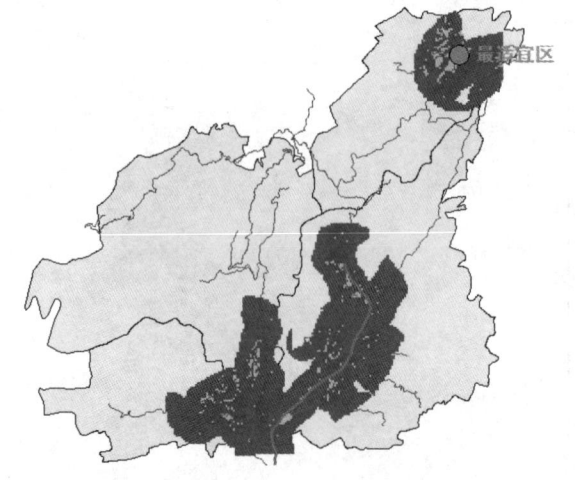

图 2.6-36 山地酒店最佳选址图

实习七 ArcGIS 空间分析:3D 分析

一、地表曲率分析

地表曲率是对地球表面上一点扭曲变化程度的定量化度量因子。曲率计算的输出结果为每个像元的表面曲率,该值通过将该像元与 8 个相邻像元拟合而得。曲率是表面的二阶导数,或者可称为坡度的坡度。地面曲率在垂直方向上和水平方向上的分量分别称为剖面曲率和平面曲率。剖面曲率是对地面坡度的沿最大坡降方向地面高程变化率的度量。平面曲率指在地形表面上,具体到任何一点,指过该点的水平面沿水平方向切地形表面所得的曲线在该点的曲率值。平面曲率描述的是地表曲面沿水平方向的弯曲、变化情况,也就是该点所在的地面等高线的弯曲程度。总曲率为正,说明该像元的表面向上凸;曲率为负,说明该像元的表面开口朝上凹;曲率为 0,说明表面是平的。

曲率输出栅格的单位以及可选输出剖面曲线栅格和输出平面曲线栅格的单位是 Z 单位的百分之一(1/100)。某山区(平缓地貌)的全部 3 个输出栅格的合理期望值介于 -0.5~0.5 之间。如果山势较为陡峭崎岖(极端地貌),那么期望值介于 -4~4 之间。

制作曲率图的操作方法如下:

(1)在 ArcToolbox 中单击【Spatial Analyst 工具】→【表面分析】→【曲率】,双击打开【曲率】对话框(图 2.7-1)。

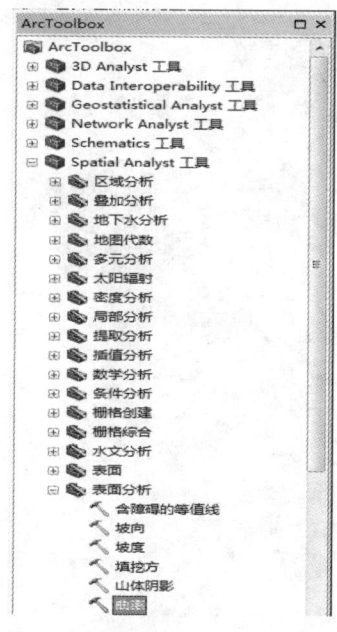

图 2.7-1 打开曲率工具

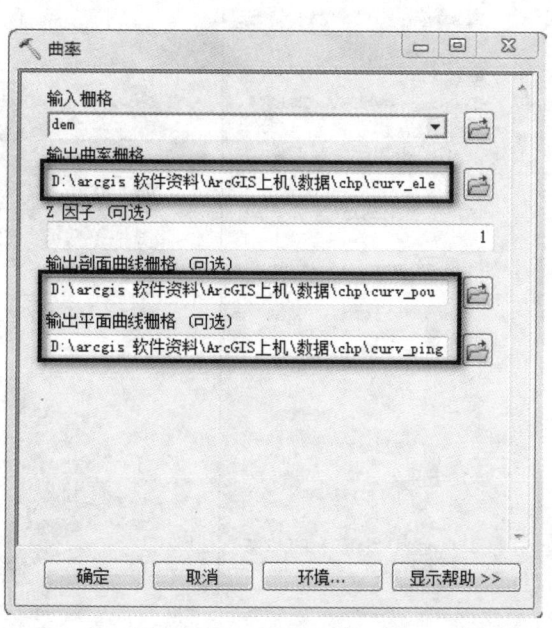

图 2.7-2 曲率提取对话框

(2)在【曲率】对话框中,输入【输入栅格】数据,指定【输出曲率栅格】的保存路径和名称(图 2.7-2)。

(3)在【Z 因子】文本框中输入 Z 因子。

(4)【输出剖面曲线栅格】为可选项,输出剖面曲线栅格数据集(图 2.7-3)。

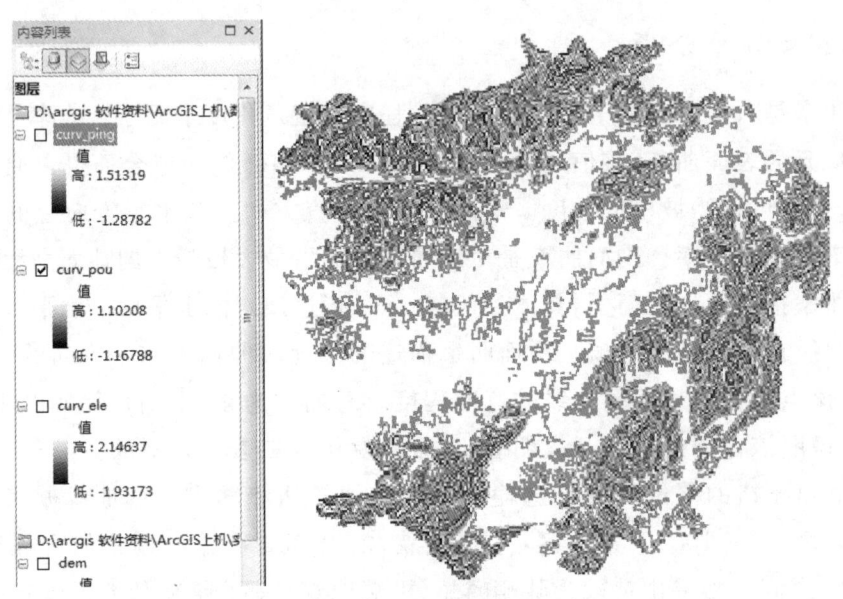

图 2.7-3 剖面曲率图

(5)【输出平面曲线栅格】为可选项,输出平面曲线栅格数据集(图 2.7-4)。

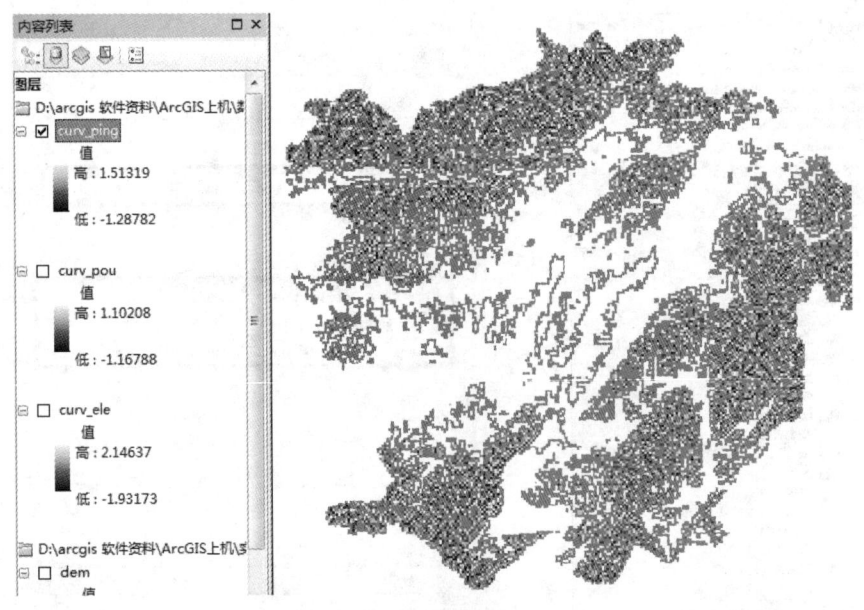

图 2.7-4 平面曲率图

（6）单击【确定】按钮,完成操作。图2.7-5为某区域的总曲率图。

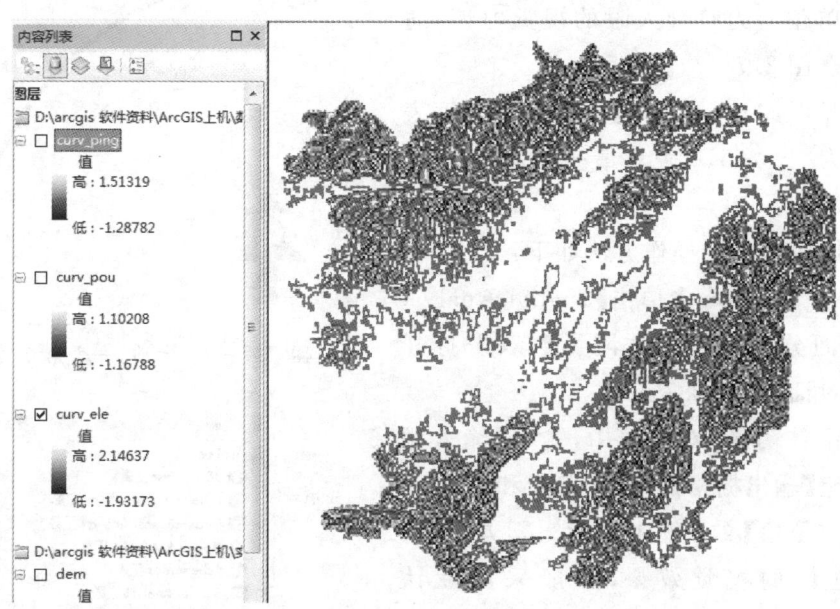

图 2.7-5　总曲率图

二、山体阴影分析

山体阴影是根据假想的照明光源对高程栅格图的每个栅格单元计算照明值。山体阴影图不仅很好地表达了地形的立体状态,而且可以方便地提取地形遮蔽信息。计算过程中包括3个重要参数:太阳方位角、太阳高度角和表面灰度值。

太阳方位角以正北方向为0°,按顺时针方向度量,如90°方向为正东方向(图2.7-6)。由于人眼的视觉习惯,通常默认方位角为315°,即西北方向。

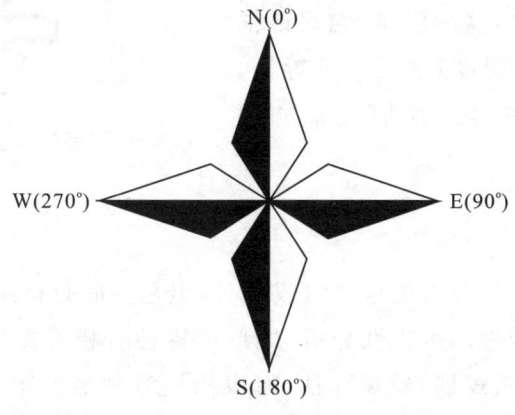

图 2.7-6　太阳方位角度量示意图

太阳高度角为光线与水平面之间的夹角，同样以度为单位。为符合人眼的视觉习惯，通常默认为 45°（图 2.7-7）。

默认情况下，ArcGIS 中提取的光照灰度表面值的范围为 0～255，0 表示最亮区域，255 表示最暗区域。

制作山体阴影图的操作方法如下：

（1）在 ArcToolbox 中单击【Spatial Analyst 工具】→【表面分析】→【山体阴影】，双击打开【山体阴影】对话框（图 2.7-8）。

（2）在【山体阴影】对话框中，输入【输入栅格】数据，指定【输出栅格】的保存路径和名称。

（3）在【方位角】文本框中设置太阳方位角，为了有正立体的视觉效果，一般采用默认值 315°。

（4）在【高度角】文本框中设置太阳高度角，一般采用默认值 45°。

（5）【模拟阴影】为可选项，选中则将落阴影内的单元赋值为 0。

（6）在【Z 因子】中设定高程变换系数。

（7）单击【确定】按钮，完成操作（图 2.7-9）。图 2.7-10 为某区域的山体阴影图。

通过设置山体阴影栅格图层的透明度，并与 DEM 数据进行叠加，可以得到更好的视觉效果。设置透明度的方法是在【图层属性】对话框的【显示】选项卡中的【透明度】选项中设置，一般以 50% 的透明度为最佳。叠加效果如图 2.7-11 所示。

三、可视性分析

可视性分析是数字地形分析的重要组成部分，也是空间分析中不可缺少的内容，很多与地形有关的问题都涉及地形可视性分析，地形可视性分析在军事、电信、旅游等领域有着广泛的应用，也成为建筑规划、景观评估、军事指控等领域的重要研究内容，ArcGIS 三维分析模块可以进行沿视觉瞄线上点与点之间可视性的分析或整个表面上视线范围内的可视情况分析。

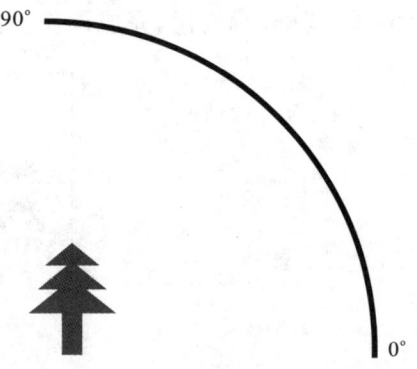

图 2.7-7　太阳高度角示意图

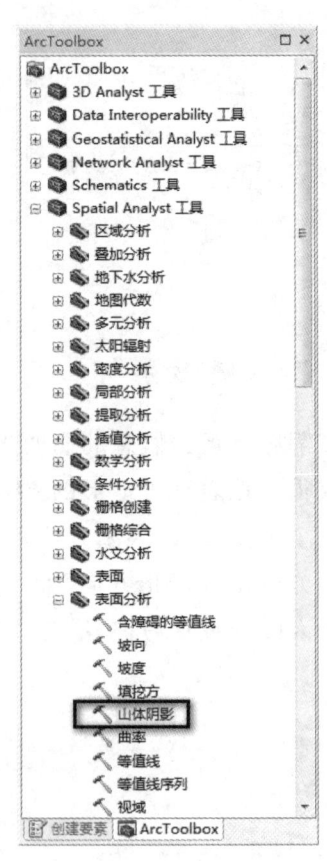

图 2.7-8　打开山体阴影工具

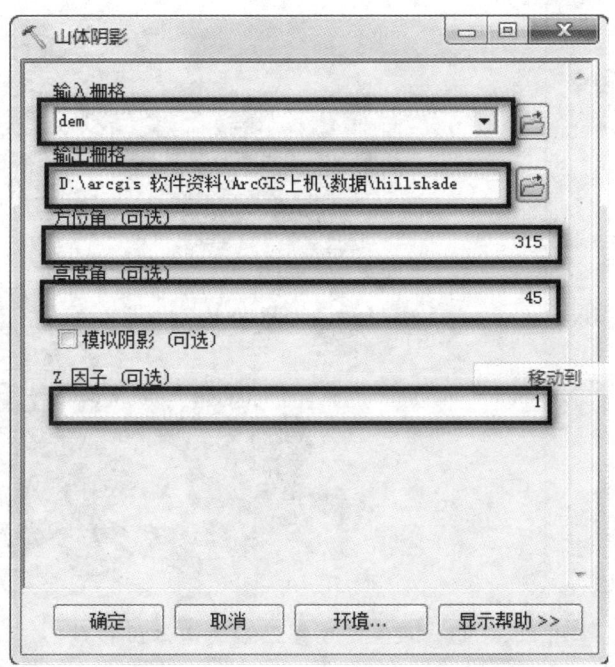

图 2.7-9 计算山体阴影

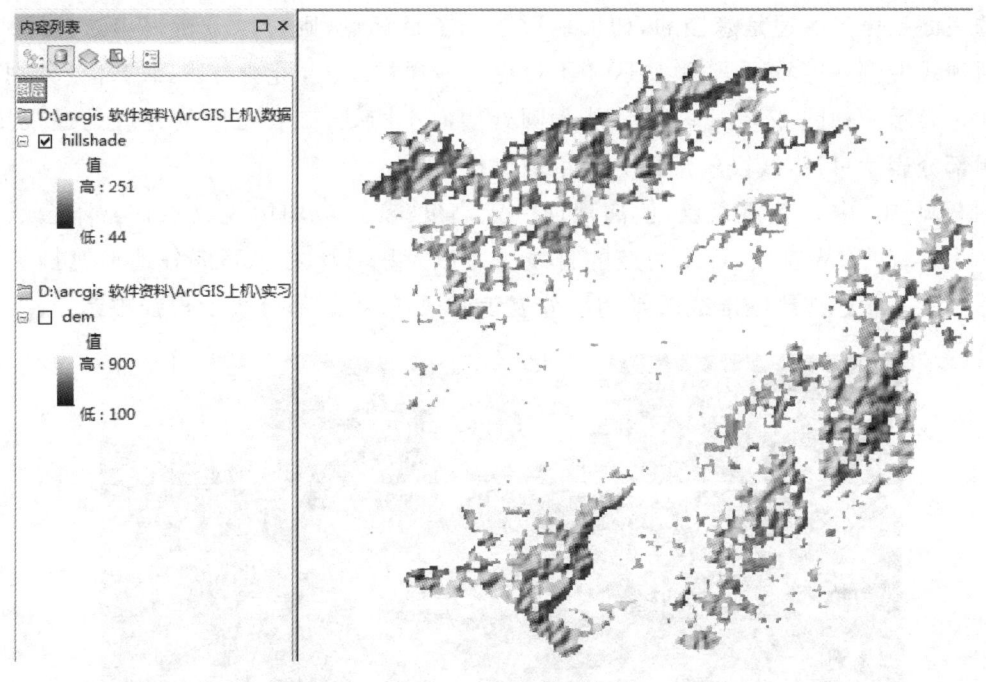

图 2.7-10 山体阴影图

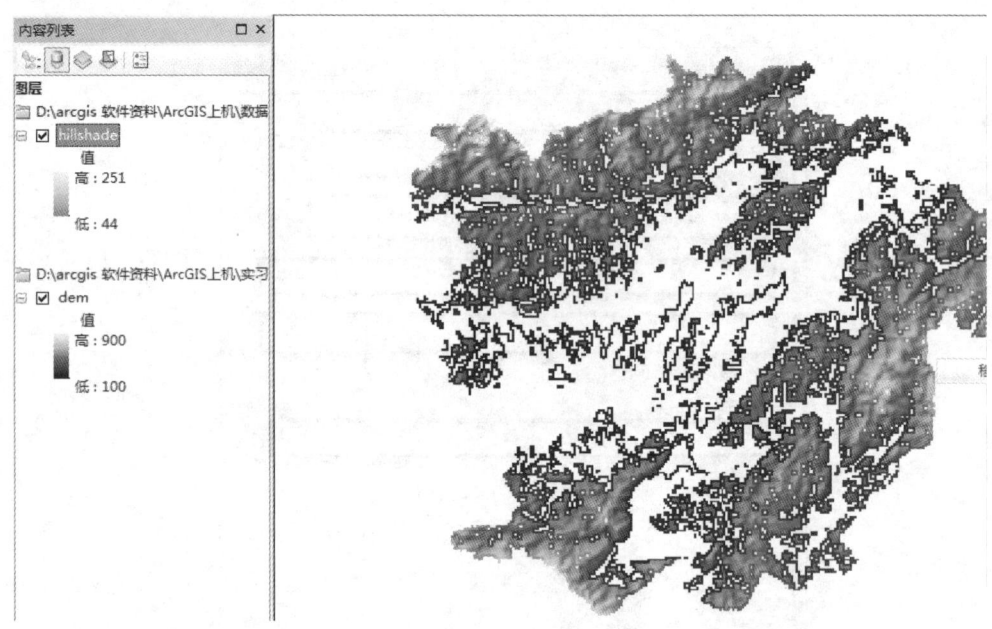

图 2.7-11　设置透明图层后的山体阴影图

1. 通视分析

通视分析是表面上两点间的一条直线，用来表示观察者从其所处位置观察表面时，沿直线的表面是可见的还是遮挡的，如果地形遮挡了目标点，则可以分析得出这些障碍物，以及通视线上哪些区域可见，哪些区域不可见。在通视线上，可视与遮挡的部分分别以不同的颜色表示。如图 2.7-12 所示，从大圆处望向小圆处，二者之间的连线为通视线，线段较粗部分表示可视，线段较细部分表示被遮挡。

图 2.7-13 中 A 为观察点，偏离地面一定高度（实际应用中观察点通常不会紧贴地面），B 为目标点，从连接 A、B 两点的直线段可以判别 AB 之间哪部分地形遮挡了目标点。图 2.7-14 中视线瞄准线较细的部分表示通视，较粗的部分表示视线被遮挡。

图 2.7-12　透视分析示意图

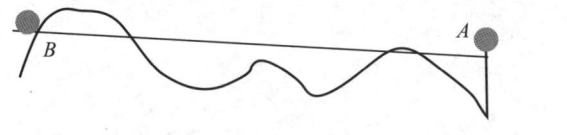

图 2.7-13　地表视线　　　　　　　　图 2.7-14　视线瞄准线

通视分析的具体操作方法如下：

(1) 在 ArcGIS 主菜单空白处单击右键，勾选 3D Analyst，出现 3D Analyst 工具条（图 2.7-15）。

图 2.7-15　3D Analyst 工具条

(2) 单击创建视线按钮 ，打开视线瞄准线对话框。其中，【观察点偏移】表示离开地面的高度；【目标偏移】表示目标高于地面的高度（图 2.7-16），设置完毕后敲回车键。

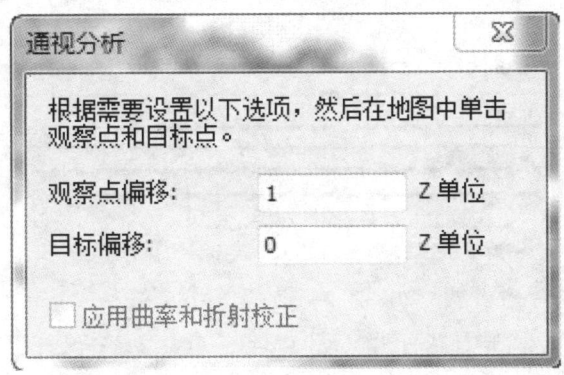

图 2.7-16　通视分析对话框

(3) 在地形表面上分别点击确定观察者与目标点的位置，出现通视线，如图 2.7-17 所示，从大圆标识处望向小圆标识处，粗线条部分表示可视，细线条部分表示不可视（GIS 通视分析时，通视线默认绿色部分表示可视，红色部分表示不可视）。

2. 视点分析

利用视点分析可以识别从各栅格表面位置进行观察时可见的观察点，即每一个栅格记录了能够看到的观察点，此工具可以用于观哨所的位置选址。

视点分析的操作方法如下：

(1) 在 ArcToolbox 中单击【3D Analyst 工具】→【可见性】→【视点分析】，双击打开【视点分析】对话框。

(2) 在【视点分析】对话框中，在【输入栅格】中输入栅格表面（图 2.7-18）。

图 2.7-17　通视分析结果

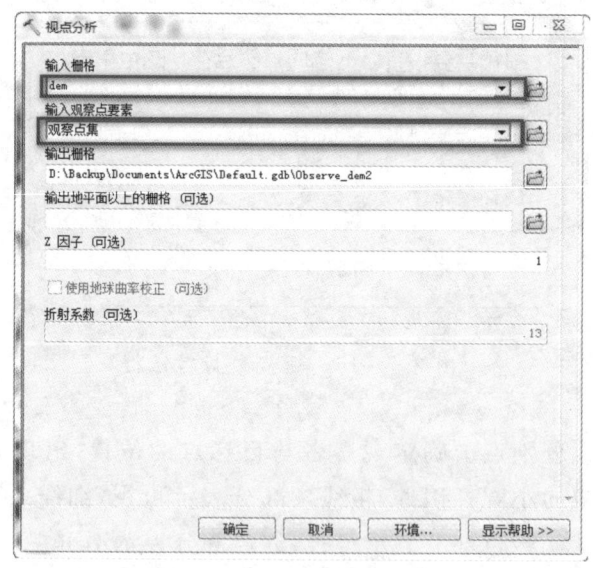

图 2.7-18　视点分析对话框

(3)【输入观察点要素】是指用于识别观察点位置的点要素类,允许的最大点数为 16。如图输入观察点集[图 2.7-19(a)]。

(4)在【输出栅格】设置输出栅格的存储位置和名称。输出的栅格将精确记录从各栅格表面位置上进行观察时可见的观察点。

(5)【Z因子】指一个表面 Z 单位中地面 X,Y 单位的数量,默认值为 1。

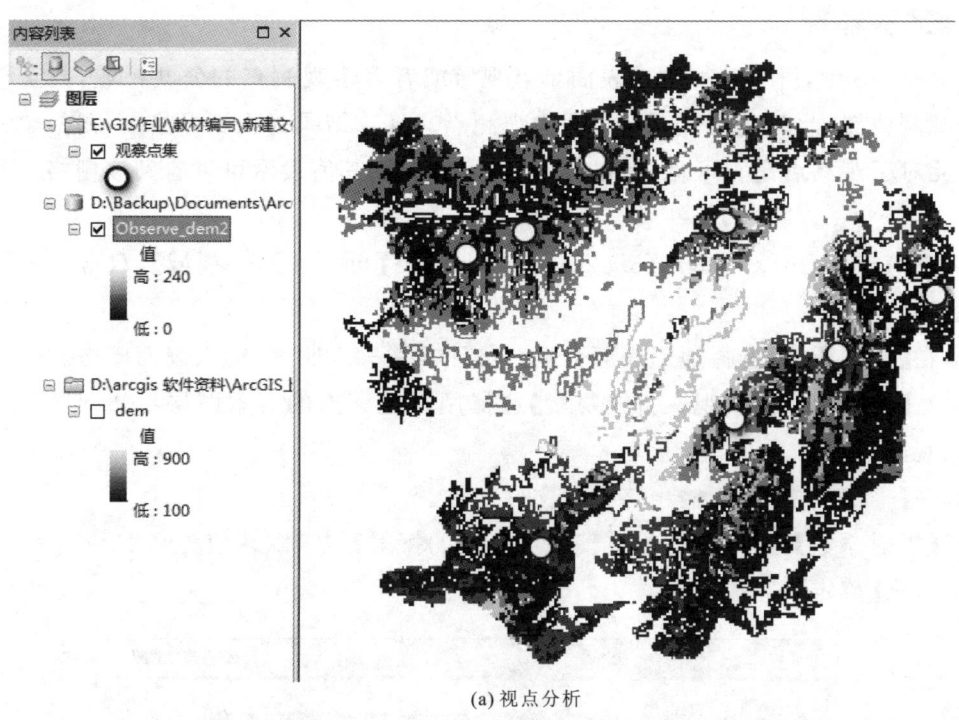

(a) 视点分析

(b) 视点属性表

图 2.7-19 视点分析结果

(6)【折射系数】指空气中可见光的折射系数,默认值为 0.13。

以上即为用 8 个观察点做的视点分析,打开属性表可以看到每一个栅格能看到的点(图 2.7-19)。

3. 视域分析

在 ArcGIS 中,可以计算地球表面单点视域或者多个观测点的公共视域,甚至可以将线作为观测位置,此时线的节点集合即为观测点。计算结果为视域栅格图,栅格单元值表示该单元对于观测点是否可见,如果有多个观测点,则其值表示可以看到该栅格的观测点个数。

(1)在 ArcToolbox 中单击【3D Analyst 工具】→【可见性】→【视域】,双击打开【视域】对话框。

(2)在【输入栅格】选择地形表面数据。如图 2.7-20 所示,输入表面栅格。

(3)在【输入观察点或观察折线要素】选择用作观察点的要素图层。如图 2.7-20 所示,输入观察点要素。

(4)在【输出栅格】选择输出路径及文件名称。

(5)【折射系数】为可选项,为空气中可见光的折射系数,默认值为 0.13。

(6)点击【确定】,完成操作。

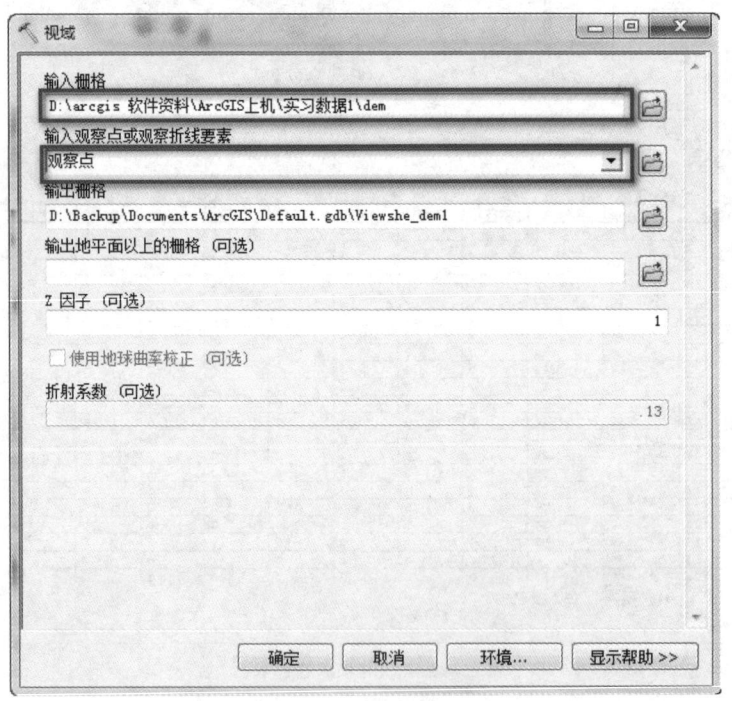

图 2.7-20 计算视域对话框

图 2.7-21(a)为某区域的栅格表面,亮度越大表示高程越大。图 2.7-21(b)为观测点的视域范围(1m 偏移量),黑色部分表示可见区域,灰色部分表示不可见区域。

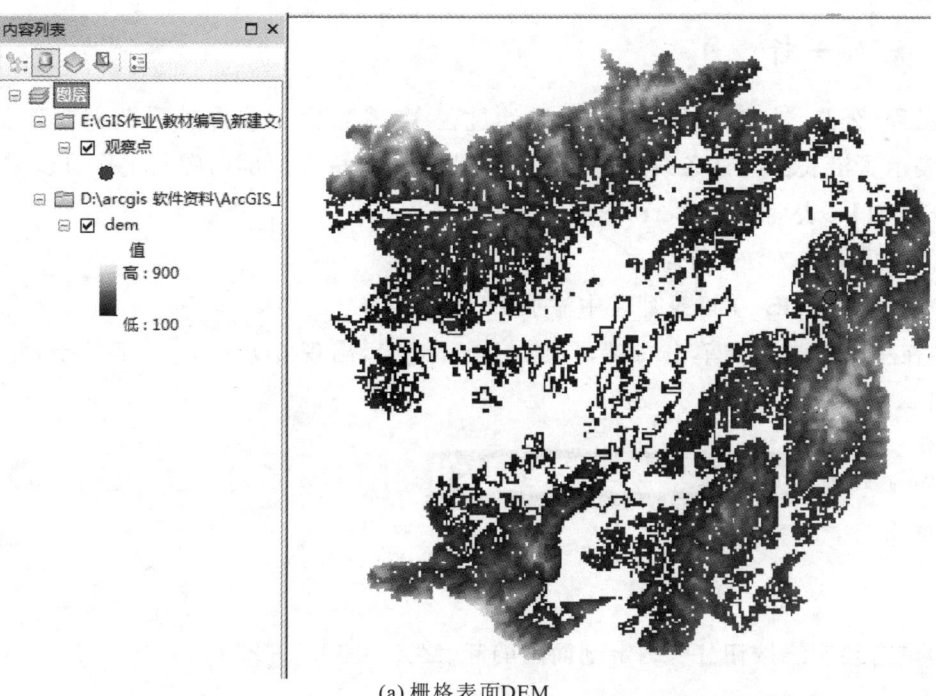

(a) 栅格表面DEM

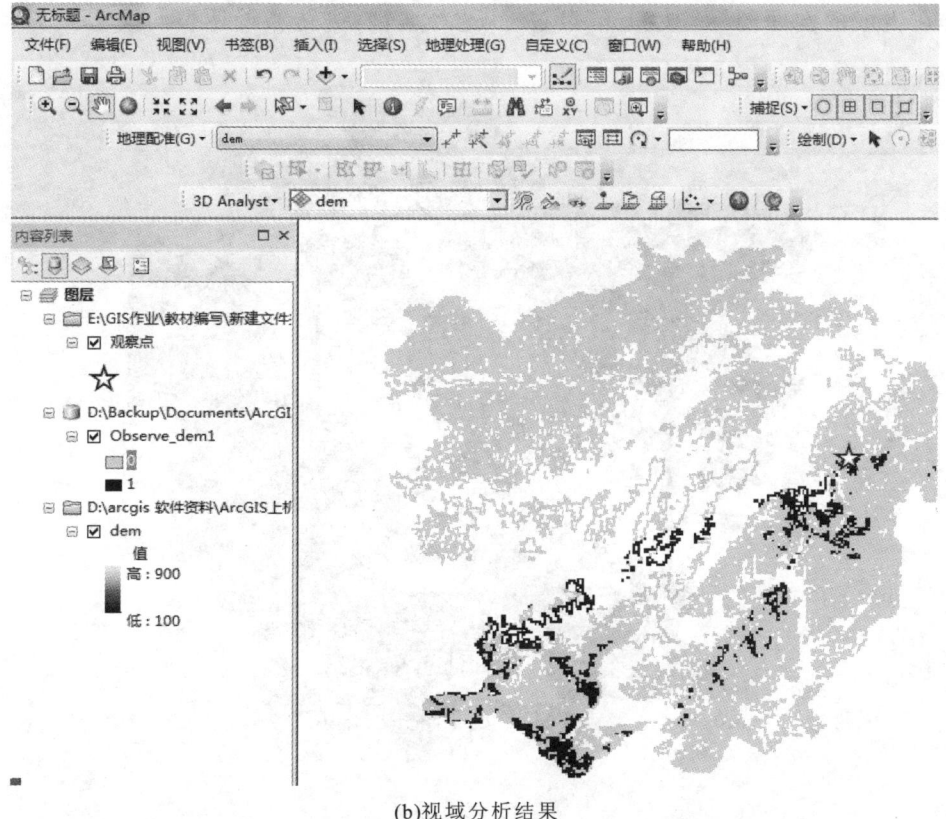

(b) 视域分析结果

图 2.7-21 视域示意图

四、剖面分析

在工程(公路、铁路、管线工程等)设计过程中,常常需要提取地形断面制作剖面图。剖面图表示了沿表面上某条线前进时表面高程变化的情况。剖面图的制作可以采用该区域的 DEM、TIN 表面或者 Terrain 数据集。

剖面图的制作方法如下:

(1)打开 ArcGIS,在目录列表中添加 DEM 数据。

(2)在主菜单空白处单击右键,勾选 3D Analyst,出现 3D Analyst 工具条,并选择该数据(图 2.7-22)。

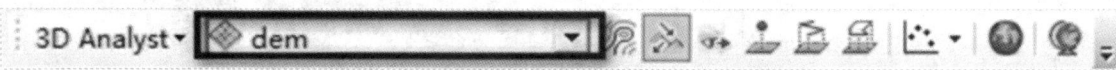

图 2.7-22　3D Analyst 工具条

(3)单击绘制线按钮,确定剖面图的起、终点(图 2.7-23)。

(4)单击点剖面按钮,选择剖面图,生成剖面图(图 2.7-24)。

(5)在生成的剖面图标题栏上单击右键,选择属性,进行布局调整与编辑。

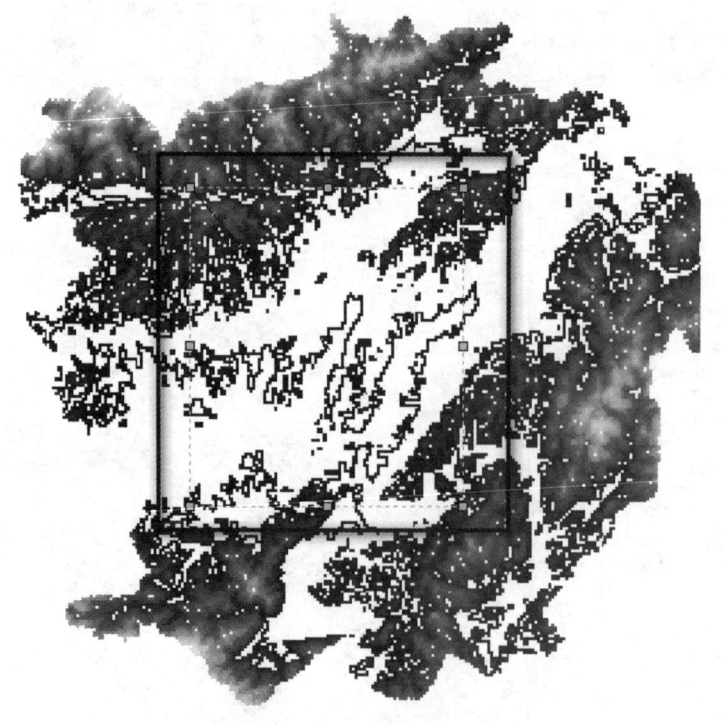

图 2.7-23　绘制剖面线

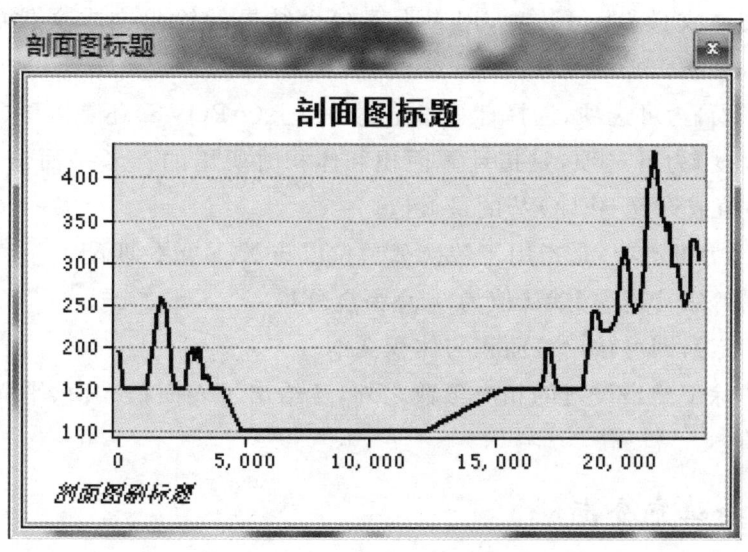

图 2.7-24　生成剖面图

五、计算表面积与体积

我们已知,平面上某矩形区的面积为其长与宽的乘积。与此不同,表面积是沿表面的斜坡计算的,考虑到表面高度的变化情况。除非表面是平坦的,通常表面积总是大于其二维底面积。进一步分析,比较表面积与其二维底面积还可以获得表面糙率指数或表面的坡度,两者的差异越大,意味着表面越粗糙。

体积指表面与某指定高度的平面(参考平面)之间的空间大小,按照表面与参考平面的上下关系分为两种,分别是参考平面之上的体积和参考平面之下的体积,如某山体的土方量和某水库的库容。

计算表面积和体积的具体方法如下:

(1)在 ArcToolbox 中单击【3D Analyst 工具】→【功能性表面】→【表面体积】,双击打开【表面体积】对话框(图 2.7-25)。

(2)【输入表面】是指用于计算面积和体积的输入栅格、TIN 或 Terrain 数据集表面。

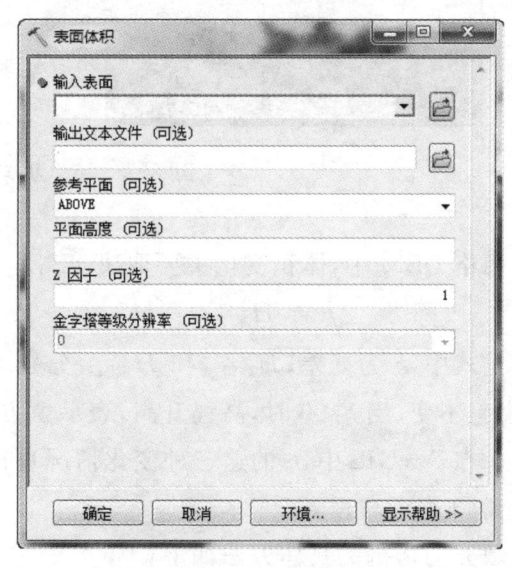

图 2.7-25　表面体积对话框

(3)【输出文本文件】为可选项,用来设置包含结果的输出文本文件的存储位置和名称。

(4)【参考平面】为可选项,选择计算指定高度以上(ABOVE)还是以下(BELOW)。

(5)【平面高度】为可选项,是指计算面积和体积时所用的参考平面值。一般是设置ABOVE的最小值或设置BELOW的最大值。

(6)【Z因子】为可选项,是指用于转换 Z 单位以与 X、Y 单位匹配。

(7)【金字塔等级分辨率】默认值为 0,意为全分辨率。

(8)单击【确定】,即可输出表面积与体积文本。

输出文本中除了给出设置的相应参数之外,还给出了表面最大值、平面面积、表面面积和体积等数值。

六、切割和填充分析

如果想知道某地的表面发生变化的区域面积及体积情况,就需要用到切割和填充分析,这里就是挖填方分析(图 2.7-26)。

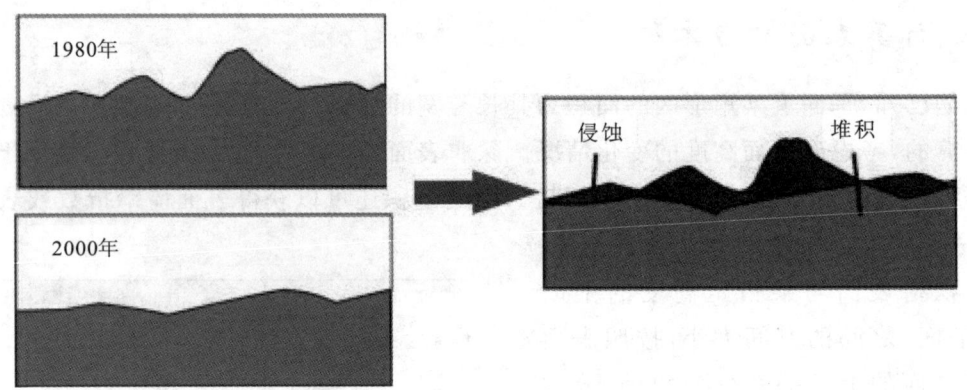

图 2.7-26 填充和切割示意图

栅格 DEM 中,体积变化主要取决于高程属性的变化(高差),即

$$h = H_{原DEM} - H_{新DEM}$$

上式中,h 为高差;$H_{原DEM}$ 和 $H_{新DEM}$ 分别为前后两个时期 DEM 的高程值。当 $h=0$ 时,高程不变;当 $h<0$ 时,高程升高,表示填方或堆积;当 $h>0$ 时,高程降低,表示挖方或侵蚀。在 ArcGIS 中,h 的这三种变化情况可以通过代码表示:1 表示高程不变,2 表示高程升高,3 表示高程降低。

填充与切割的具体方法如下:

(1)在 ArcToolbox 中单击【3D Analyst 工具】→【栅格表面】→【填挖方】,双击打开【填挖方】对话框(图 2.7-27)。

(2)在【输入填/挖之前的栅格表面】输入原先的栅格数据。

(3)在【输入填/挖之后的栅格表面】输入最新的栅格数据。

(4)在【输出栅格】中设置输出栅格数据的存储位置和名称。

(5)【Z因子】为可选项,是指用于转换Z单位以与X、Y单位匹配。

(6)单击【确定】,完成操作,生成一个新的栅格表面数据,可以通过不同灰度值表示原始表面的体积变化情况。

七、ArcScene 三维可视化

在三维场景中浏览数据更加直观和真实,可提供一些平面上无法直接获得的信息,还可直观地对区域地形

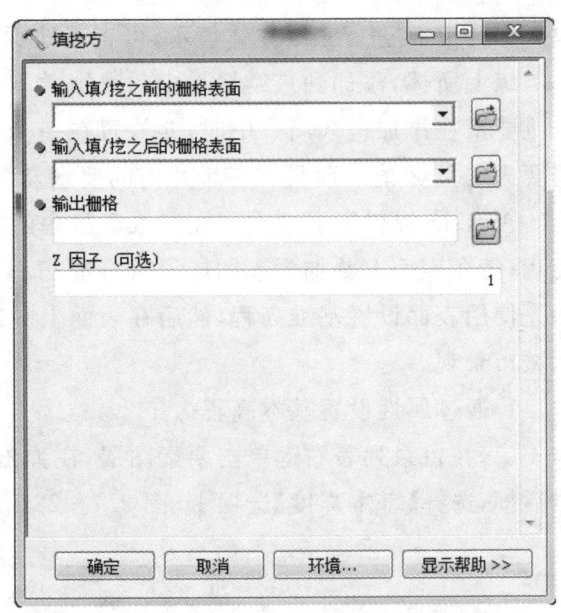

图 2.7-27 填挖方对话框

起伏的形态及沟、谷、鞍部等基本地形形态进行判读,比二维图形如等高线图更容易为大部分读者所接受。

ArcScene 应用程序是 ArcGIS 三维分析的核心拓展模块,通过在 3D Analyst 菜单条中点击 ![按钮] 按钮启动。它具有管理 3D GIS 数据、进行 3D 分析、编辑 3D 要素、创建 3D 图层,以及把二维图层生成 3D 要素等功能。

1. 要素的立体显示

有时需要将要素在三维场景中以透视图的形式显示出来进行观察和分析。要素数据与表面数据的不同之处在于,要素数据描述的是离散的对象如点对象、线对象、面对象等。它们通常具有一定的几何形状和属性。常见的点要素有旅游景点、通信塔台、泉眼等;线状要素如道路、水系、管线等;面要素如湖泊、行政区等。

在三维场景中显示要素的先决条件是要素本身必须具有高程信息或被以某种方式赋予高程值。因此,要素的三维显示主要有两种方式:①具有三维几何的要素,在其属性中存储有高程值,可以直接使用其要素几何属性中的高程值,实现三维显示。②对于缺少高程值的要素,可以通过叠加或突出两种方式在三维场景中显示。所谓叠加,就是将要素所在区域的表面模型的值作为要素的高程值,可以对其做立体显示;突出则是指根据要素的某个属性或任意值突出要素,如要想在三维场景中显示建筑物要素,可以使用其高度或楼层数这样的属性来将其突出显示。

另外,有时研究分析可能需要使用要素的非高程属性值作为三维 Z 值,在场景中显示要素。最常见的是在社会、经济领域的应用。例如,对某行政范围内每个地级市的旅游

收入作为 Z 值进行三维立体显示,可直观地观察和分析全省旅游收入的具体情况。

综上所述,添加到三维场景中的数据并不一定会自动以三维方式显示。栅格影像和二维要素在添加进入场景中时,会放置在一个平坦的三维平面上,若要以三维方式查看,需要先定义 Z 值。而具有三维几何的要素及 TIN 表面将自动以三维方式进行绘制。

ArcGIS 提供了要素图层在三维场景中的三种显示方式:①使用属性设置图层的基本高程;②在表面上叠加要素图层设置基准高程;③突出要素。还可以结合多种显示方式,如先使用表面设置基准高程,然后在表面上突出显示要素建筑物,可以更加自然真实地显示城市景观。

1)通过属性设置基本高程

(1)在目录列表右键单击要素图层,在弹出的菜单栏中单击【属性】,打开【图层属性】对话框,选择【基本高度】选项卡[图 2.7-28(a)]。

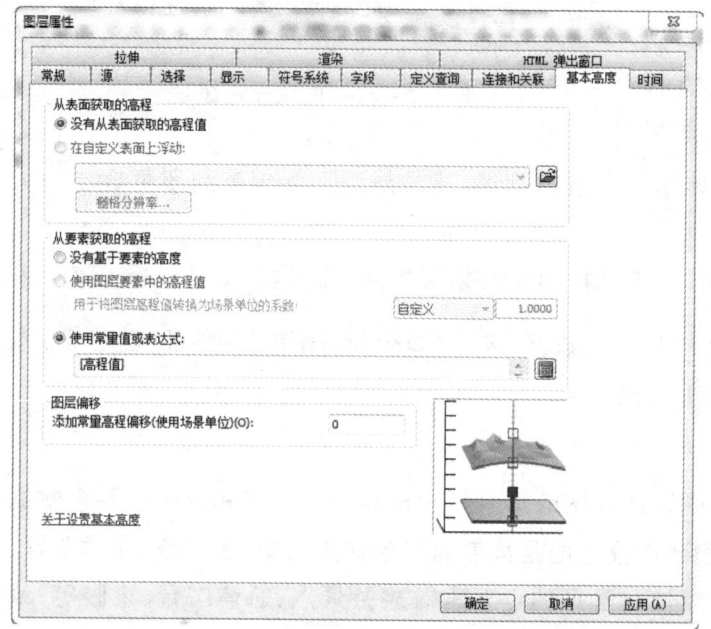
(a)图层属性对话框

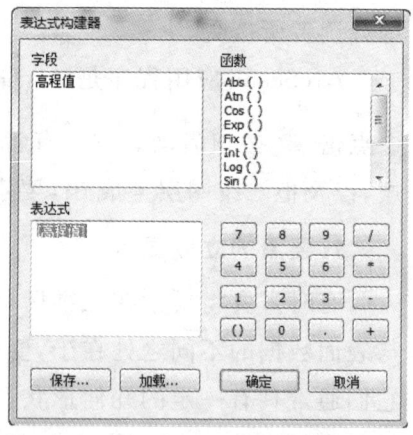
(b)表达式构建器对话框

图 2.7-28　设置要素图层的基准高程

(2)选中【使用常量值或表达式】作为基准高程,单击 按钮,弹出【表达式构建器】对话框[图 2.7-28(b)]。

(3)在要素【字段】中选择提供 Z 值的字段或表达式即可。图 2.7-29 就是以等高线的高程属性作为基准高程显示的等高线三维透视图。

2)使用表面设置基本高程

如果有地形表面或者其他栅格表面,可以在三维场景中使用该表面撑托为立体景观。

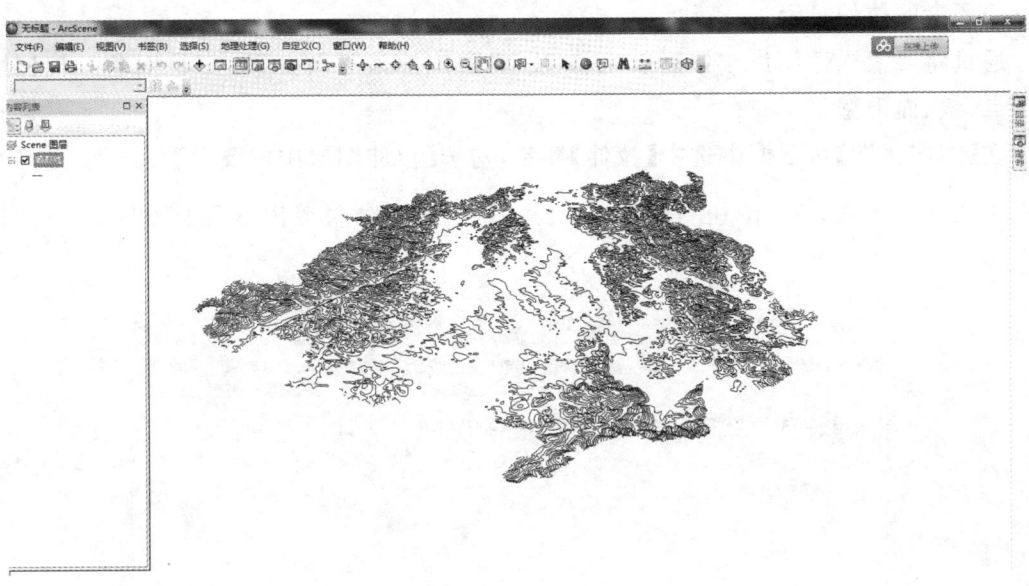

图 2.7-29 等高线要素的三维显示

在【基本高度】选项卡中,在【从表面获取的高程】选项组中,选中【在自定义表面上浮动】单选框,并设置所需表面即可。要素将以表面所提供的高程在场景中显示(图 2.7-30)。

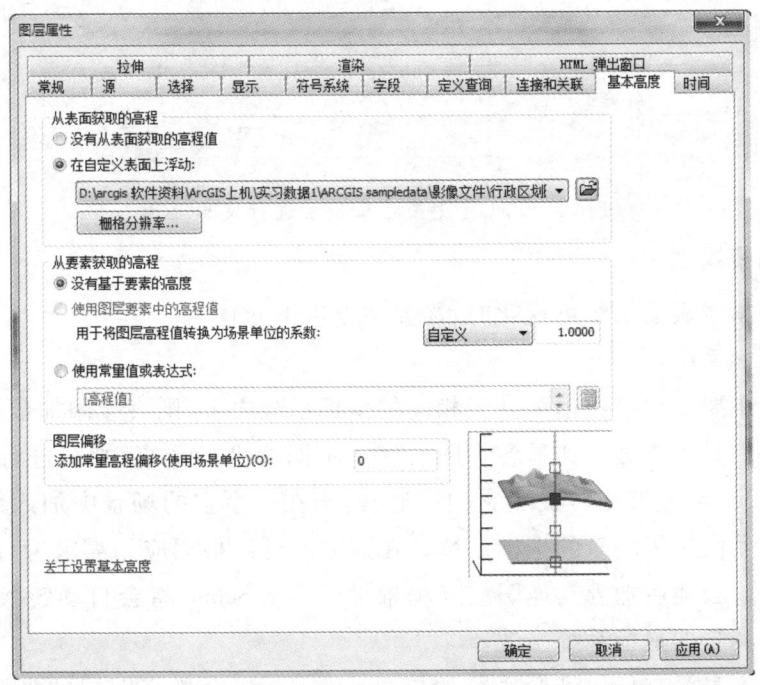

图 2.7-30 使用表面设置要素的基本高程

3)要素的拉伸显示

通过将要素属性用作拉伸高度来将 2D 要素拉伸为不同要素的 3D 对象。拉伸仅适用于点、线、面类型。

在【图层属性】对话框中选中【拉伸】标签,勾选【拉伸图层中的要素】复选框,并且在文本框中填写或点击 按钮打开突出表达式生成器建立突出表达式(图 2.7-31、图 2.7-32)。

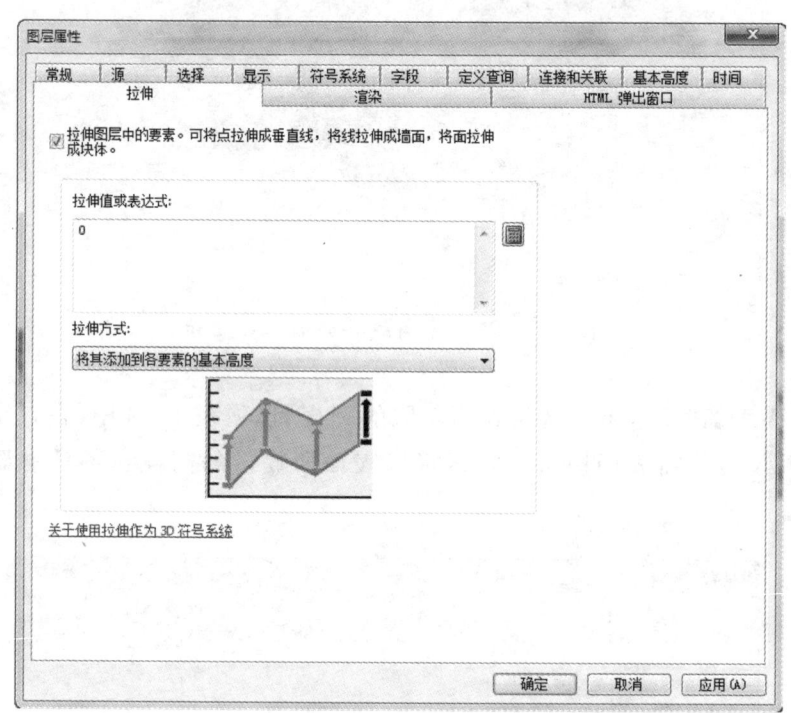

图 2.7-31　设置对象要素进行突出显示

2. 设置场景属性

在实现要素或表面三维可视化时,需要注意以下问题。

1)场景坐标系统

如果场景中要显示的数据都处于相同的坐标系统之下,则直接添加数据即可,不需要考虑图层的叠加是否正确。如果各个图层存在不同的坐标系统,则需进行适当的坐标转换以保证 ArcScene 能够正常显示它们。通常,当在一个空的场景中加入某图层时,该图层的坐标系统就决定了场景的坐标系统。在这之后可以根据应用需求再对场景中的坐标系统进行更改。当随后加入其他图层到场景中时,ArcScene 将会自动转换新加图层的坐标系统使之与场景的坐标系统一致。

如果数据本身没有任何坐标系统的信息,ArcScene 会检查图层的坐标值,判断其 X 值是否落在 $-180\sim180$ 之间,Y 值是否落在 $-90\sim90$ 之间。如果满足上述条件,则 ArcScene 认其经纬度坐标数据。否则,将认其为平面坐标数据。其步骤如下:

(1) 查询当前场景坐标系统。

打开【场景属性】对话框，单击【坐标系】选项卡，将显示当前使用的坐标系统的详细信息。

(2) 设置场景坐标系统。

在【场景属性】对话框中，可以设置坐标系统，之后，所有加载到场景中的数据都将使用该坐标系统进行显示。需要注意的是，改变场景的坐标系统，并不会改变图层源数据坐标系统，只是以场景坐标系统对其进行显示(图 2.7 - 33)。

2) 垂直夸大

垂直夸大用于强调表面的细微变化。进行表面的三维显示时，如果表面的水平

图 2.7 - 32　突出表达式生成器

范围远大于其垂直变化，则表面的三维显示效果可能不大明显，此时，可以进行垂直夸大以利于观察分析。另外，当表面垂直变化过于剧烈不便于分析时，也可以进行垂直夸大，此时垂直夸大系数应设置为分数。垂直夸大对场景内所有图层都产生作用，如果对单个图层做垂直夸大，可以通过改变图层的高程转换系数来实现。

打开【场景属性】对话框，单击【常规】选项卡中的【垂直夸大】系数，或者点击【基于范围进行计算】按钮，系统将根据场景范围与高程变化范围自动计算垂直拉伸系数(图 2.7 - 34)。

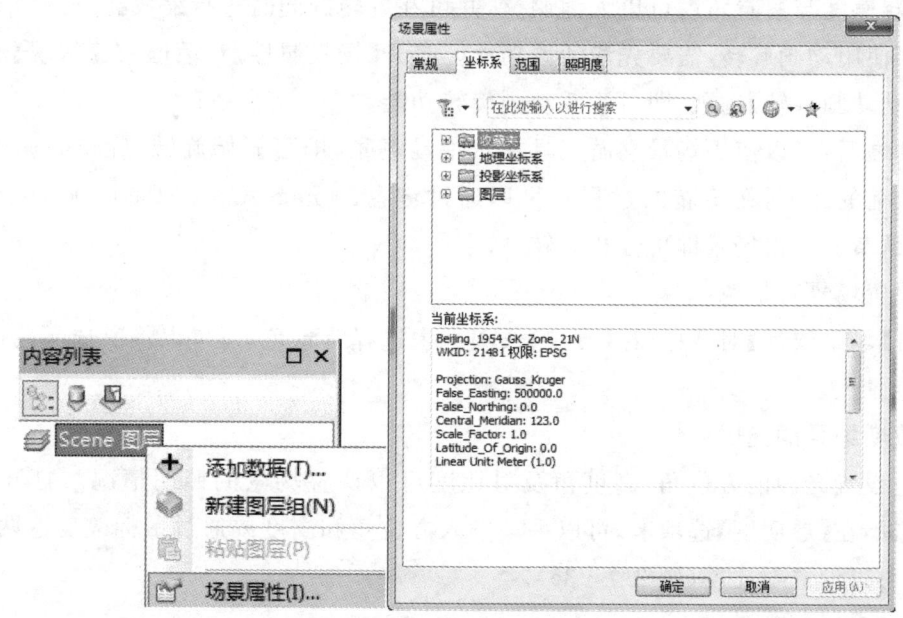

图 2.7 - 33　设置场景坐标系

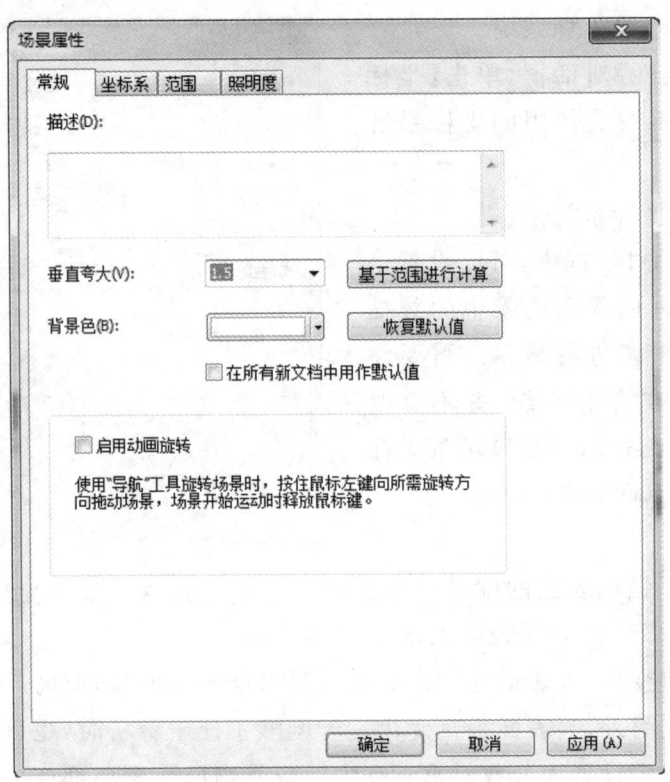

图 2.7-34　设置垂直夸大拉伸系数

3）使用动画旋转

通过对场景进行旋转观察，可以获得表面总体概况。ArcScene 可以使场景围绕中心旋转，旋转速度与察看角度可以人为调整，并可在旋转的同时进行缩放。

想要使用动画旋转，需要先激活该功能。打开【场景属性】对话框，在【常规】选项卡中勾选【启动动画旋转】选项，即可激活动画旋转功能。

激活之后，可以使用场景漫游工具左右拖动场景，即可开始旋转，旋转的速度取决于鼠标释放前的速度，在旋转的过程中可以通过键盘的 Page Up 和 Page Down 键进行增速、减速调节。点击场景即可停止其转动。

4）设置场景背景色

打开【场景属性】对话框，在【常规】选项卡中选择背景色，还可以将所选颜色设置为默认场景背景色。

5）改变场景的光照

通过设置光源的方位角、高度角及对比度可以调整场景的照明情况。打开【场景属性】对话框，在【透明度】选项卡，可以手动输入方位角和高度或通过鼠标改变这两个参数。另外，还可以设置对比度（图 2.7-35）。

6）改变场景范围

设置合适的场景范围，可以消除一些无关信息，增加绘图时的性能。默认情况下，场

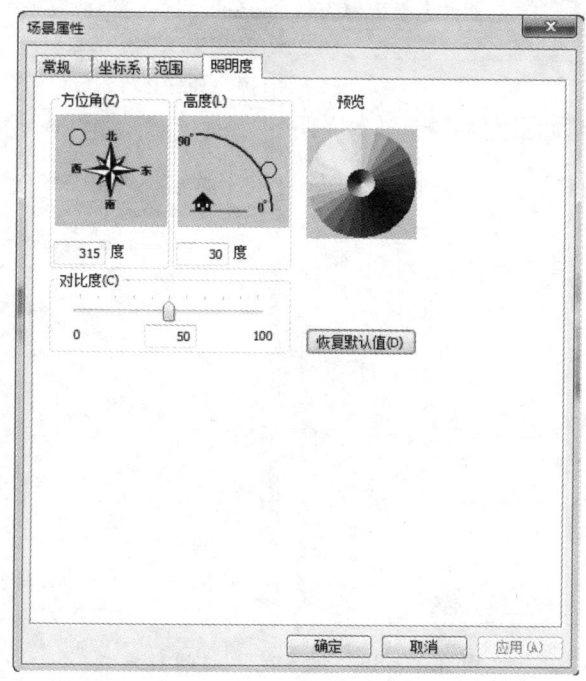

图 2.7-35 设置场景的光照

景的范围为场景中所有图层的范围。可以根据应用需要改变场景的范围,使之与某个图层的范围一致,或通过 X、Y 坐标的最大最小值来指定。

打开【图层属性】对话框,单击【范围】选项卡,设置场景范围。两种方式:①在图层下拉列表中选择某一图层;②点击【自定义】,输入最大最小 X、Y 坐标,确定场景范围(图 2.7-36)。

3. 飞行动画

使用动画,可以使场景栩栩如生,能够通过视角、场景属性、地理位置,以及时间的变化来观察对象。

1)如何制作动画

在 ArcScene 中提供了制作动画的工具条。默认情况下,它是没有添加到 ArcScene 的视图中,可以在工具栏上点击右键,选择【动画】,打开动画工具条。它能够制作数据动画、视角动画和场景动画。动画是由一条或多条轨迹组成,轨迹控制着对象属性的动态改变。比如,场景背景颜色的变化、图层视觉的变化或者观察点的位置变化。轨迹是由一系列帧组成,而每一帧是某一特定时间的对象属性的快照,是动画中最基本的元素。

(1)通过创建一系列帧组成轨迹来形成动画。

在动画工具条中提供了创建帧的工具。可以通过改变场景的属性(如场景的背景颜色、光照角度等)、图层的属性(图层的透明度、比例尺等),以及观察点的位置来创造不同的帧。然后用创建的一组帧组成轨迹演示动画。动画功能会自动平滑两帧之间的过程。

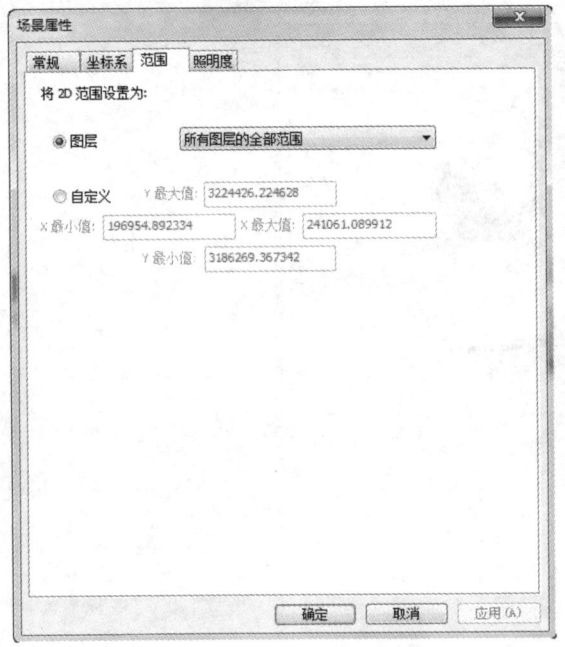 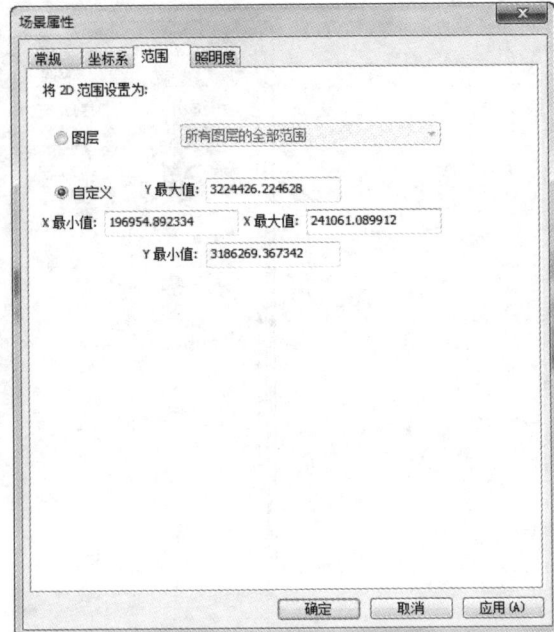

图 2.7-36 设置范围的两种方式

例如,可以改变场景的背景颜色由白变黑,同时改变场景中光照的角度来制作一个场景由白天到黑夜的动画。

实现过程如下:

a)设置动画第一帧的场景属性。

b)点击动画下拉菜单,选择【创建关键帧】,打开【创建动画关键帧】对话框(图 2.7-37)。

c)在类型栏中选择【帧类型】为"照相机",即有不同场景构成动画的帧。

d)点击【新建】按钮,创建一个动画。

e)点击【创建】按钮,抓取一个新的帧。

f)再次改变场景属性,之后点击【创建】,抓取第二帧,根据需要抓取全部所需的帧。

g)抓取完全部的帧之后,点击【关闭】,关闭创建帧对话框。

h)点击动画控制器按钮 ▶Ⅱ,弹出动画控制工具条(图 2.7-38)。

i)点击【播放】 ▶ 按钮,预览动画。

(2)通过录制导航动作或飞行创建动画。

点击动画控制器上的录制按钮 ⬤ 开始录制,在场景中通过导航工具进行操作或通过飞行工具 ✈ 进行飞行,操作结束后再次点击录制按钮停止录制。这个工具类似录像器,将操作中的导航操作或飞行动作的过程录制下来形成动画。

(3)通过捕捉不同视角,动画功能会自动平滑视角间过程创建动画。

通过导航工具将场景调整到某一合适的视角,用动画工具条上的捕捉视角工具 📷 捕

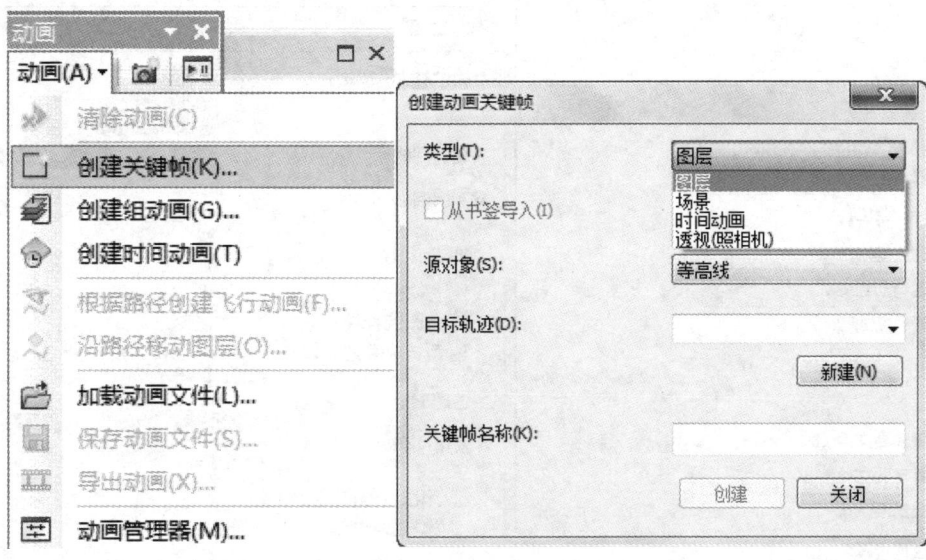

图 2.7-37　创建关键帧

图 2.7-38　动画控制工具条

捉此时的视角,然后将场景调整到另一个合适的视角,再次用捕捉命令捕捉视角,依次可捕捉多个视角。动画功能会自动平滑两视角间的过程,形成一个完整的动画过程。

(4)通过改变一组图层的可视化形成动画效果。

通过动画制作工具条中的【创建组动画】命令,选择图层组,控制一组图层使它们按照顺序逐个显示,通过效果调整实现动画效果。例如,可以用一组显示洪水淹没过程中的图层生成洪水演进的动画效果。

实现过程如下:

a)在场景中添加相关图层,并按照动画设计的播放顺序从上到下依次调整图层顺序。

b)选择【动画】→【创建组动画】,弹出创建组动画对话框(图 2.7-39)。

c)在轨迹的基本名称中键入动画名称。

d)设置起止时间。

e)根据需要选择【图层可见性】调整图层出现的方式(图 2.7-40)。

f)利用动画控制工具条对生成的动画进行预览。

(5)通过导入路径的方法生成动画。

在场景中加入表示飞行路径的矢量线要素,并在动画工具条中选择【动画】→【根据路

图 2.7-39　创建图层动画工具

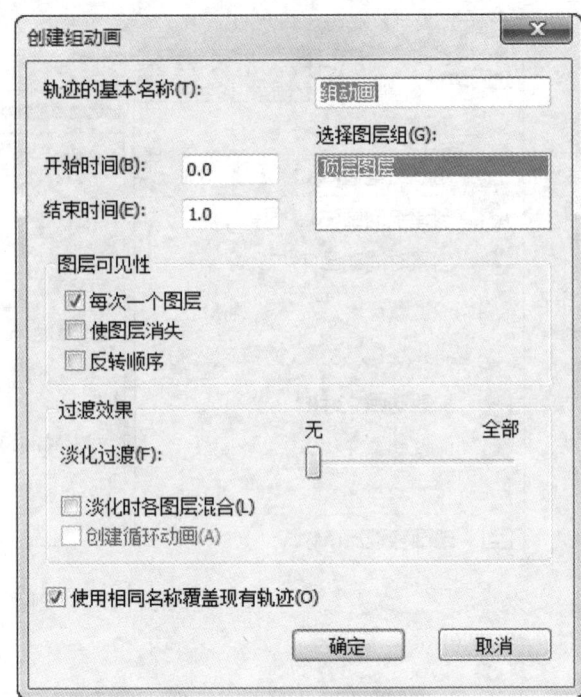

图 2.7-40　创建图层动画对话框

径创建飞行动画】,制作沿路径飞行的动画效果,此时可以设置飞行时的一些参数来控制飞行过程中的视觉效果。或用【沿路径移动图层】命令制作某一图层沿路径移动的动画轨迹。此方法一般用于制作场景行走动画。

2)编辑和管理动画属性

动画的帧或轨迹创建完成后,可以用动画管理器编辑和管理组成动画的帧和轨迹。另外,还可改变帧的时间属性,并能预览动画播放效果。

(1)选择【动画】→【动画管理器】,打开【动画管理器】对话框。

(2)打开的动画管理器如图 2.7-41 所示。

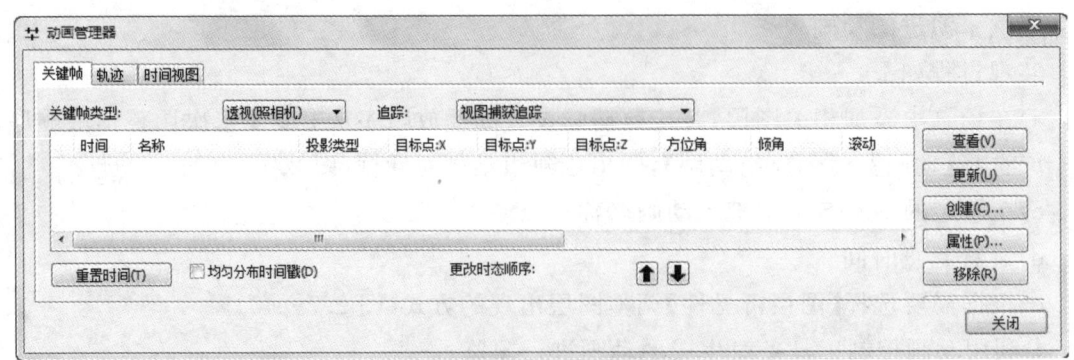

图 2.7-41　动画管理器

3）保存动画

在 ArcScene 中制作的动画可以存储在当前的场景文档中，即保存在 SXD 文档中，也能存储为独立的 ArcScene 动画文件（*.asa）用来与其他场景的文档共享，同时也能将动画导出成 AVI 文件，被第三方软件调用（图 2.7-42、图 2.7-43）。

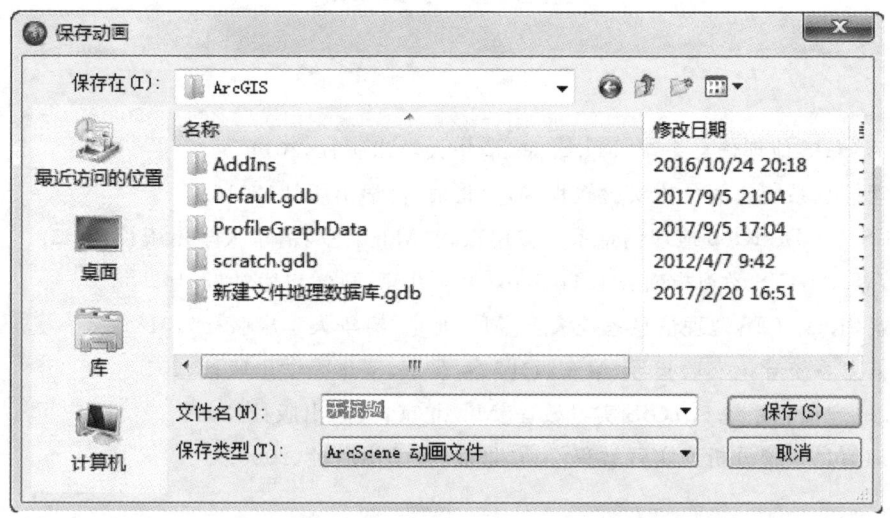

图 2.7-42　存储为动画文件对话框

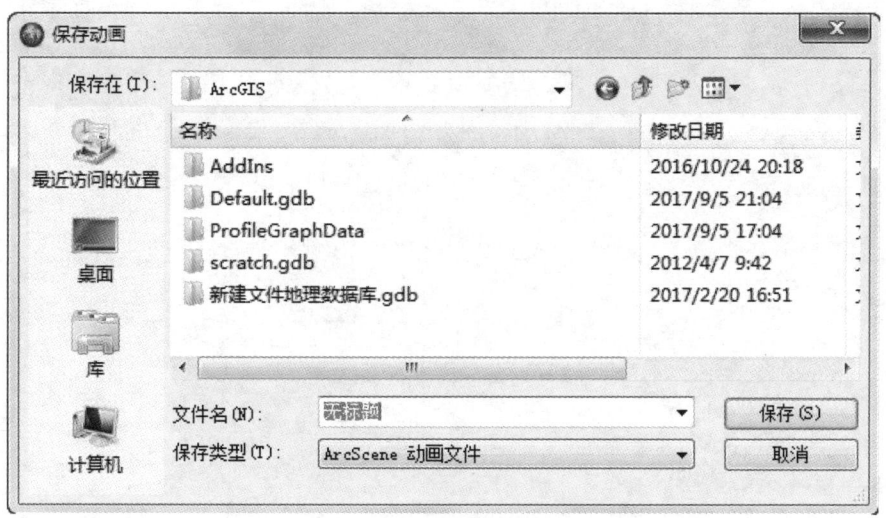

图 2.7-43　导出动画文件对话框

4）使用飞行工具飞行

此外，ArcScene 工具条还提供了飞行工具 ，可实现对场景的飞行浏览。选择该工具后，鼠标将变为一只小鸟的形状，单击场景，鼠标会再次变形。此时，可以通过鼠标的移动控制飞行方向和速度。再次单击鼠标，则可从当前视点沿鼠标所指方向向下飞行，途中，点击左键加快飞行速度，右键减速飞行。

主要参考文献

池建. 精通 ArcGIS 地理信息系统[M]. 北京:清华大学出版社,2011.
汤国安. 地理信息系统空间分析实验教程[M]. 北京:科学出版社,2016.
吴静. ArcGIS 9.3 DesKtop 地理信息系统应用教程[M]. 北京:清华大学出版社,2011.
邢超,李斌,等. ArcGIS 学习指南:ArcToolbox[M]. 北京:科学出版社,2010.
薛再军,马娟娟. ArcGIS 地理信息系统大全[M]. 北京:清华大学出版社,2013.
余明. 地理信息系统导论实验指导(第 2 版)[M]. 北京:清华大学出版社,2015.
赵军,刘勇. 地理信息系统 ArcGIS 实习教程[M]. 北京:气象出版社,2009.
郑贵洲. 地理信息系统分析与实践教程[M]. 北京:科学出版社,2008.